高等职业教育精品系列教材·财务会计类

企业财务会计项目训练

主　审　孟凡中
主　编　夏迎峰　陈雅宾　田冉黎
副主编　黄丽华　李骁寅　彭淑燕
参　编　肖永莉

北京理工大学出版社
BEIJING INSTITUTE OF TECHNOLOGY PRESS

目　录

项目一　财务会计概述 ·· (1)
　　一、理论考核 ··· (1)
　　二、技能考核 ··· (8)

项目二　货币资金与应收账款业务核算 ·· (13)
　　一、理论考核 ·· (13)
　　二、技能考核 ·· (20)

项目三　存货业务核算 ·· (28)
　　一、理论考核 ·· (28)
　　二、技能考核 ·· (35)

项目四　固定资产业务核算 ··· (43)
　　一、理论考核 ·· (43)
　　二、技能考核 ·· (51)

项目五　无形资产业务核算 ··· (57)
　　一、理论考核 ·· (57)
　　二、技能考核 ·· (60)

项目六　金融资产业务核算 ··· (66)
　　一、理论考核 ·· (66)
　　二、技能考核 ·· (69)

项目七　负债业务核算 ·· (76)
　　一、理论考核 ·· (76)
　　二、技能考核 ·· (84)

项目八 所有者权益业务核算 ……………………………………………………（90）

    一、理论考核 …………………………………………………………………（90）

    二、技能考核 …………………………………………………………………（93）

项目九 收入业务核算 ………………………………………………………………（98）

    一、理论考核 …………………………………………………………………（98）

    二、技能考核 …………………………………………………………………（103）

项目十 费用的核算 …………………………………………………………………（109）

    一、理论考核 …………………………………………………………………（109）

    二、技能考核 …………………………………………………………………（114）

项目十一 利润业务核算 ……………………………………………………………（118）

    一、理论考核 …………………………………………………………………（118）

    二、技能考核 …………………………………………………………………（122）

项目十二 财务报告 …………………………………………………………………（130）

    一、理论考核 …………………………………………………………………（130）

    二、技能考核 …………………………………………………………………（139）

项目一　财务会计概述

【思政学习心得】

_____

_____

_____

【本项目思维导图】

【学习评价】

一、理论考核

任务1　财务会计概念与特征

(一) 单项选择题

1. 下列项目中，符合资产定义的是（　　）。
   A. 购入的某项专利权　　　　　　B. 经营租入的设备
   C. 待处理财产损失　　　　　　　D. 计划购买的某项设备
2. 下列项目中，能同时影响资产和负债发生变化的是（　　）。
   A. 接受投资者投入设备　　　　　B. 支付现金股利
   C. 收回应收账款　　　　　　　　D. 支付股票股利
3. 财务会计的主要目标在于（　　）。
   A. 进行会计核算　　　　　　　　B. 实施会计监督
   C. 编制财务报告　　　　　　　　D. 提供会计信息
4. 从服务对象上看，现代管理会计侧重服务于（　　）。
   A. 企业投资人　　　　　　　　　B. 企业债权人
   C. 企业内部各级经营管理者　　　D. A+B+C

（二）多项选择题

1. 管理会计和财务会计的主要区别有（　　）。
   A. 服务对象不同
   B. 会计核算对象不同
   C. 提供信息的规范不同
   D. 使用的资料不同
   E. 会计报告的格式不同

2. 下列各项中属于我国财务报告目标的有（　　）。
   A. 向财务报告使用者提供对决策有用的信息
   B. 反映企业管理层受托责任的履行情况
   C. 与同行业信息做比较
   D. 客观地反映企业的财务和经营状况

任务 2　会计假设与会计基础

（一）单项选择题

1. 资产和负债按照在公平交易中熟悉情况的交易双方自愿进行资产交换或者债务清偿的金额计算。采用的会计计量属性是（　　）。
   A. 现值　　　　B. 重置成本　　　　C. 可变现净值　　　　D. 公允价值

2. 下列属于资本性支出的有（　　）。
   A. 职工工资　　B. 当月水电费　　　C. 本季度房租　　　　D. 固定资产买价

3. 当期与以前期间、以后期间的差别，权责发生制和收付实现制的区别，都是基于（　　）的基本假设。
   A. 会计主体　　B. 持续经营　　　　C. 会计分期　　　　　D. 货币计量

4. 下列有关会计主体的表述不正确的是（　　）。
   A. 企业的经济活动应与投资者的经济活动相区分
   B. 会计主体可以是独立的法人，也可以是非法人
   C. 会计主体可以是营利组织，也可以是非营利组织
   D. 会计主体必须有独立的资金，并独立编制财务报告对外报送

5. 资产按照预计从其持续使用和最终处置中所产生的未来净现金流入量的折现金额计量，其会计计量属性是（　　）。
   A. 历史成本　　B. 可变现净值　　　C. 现值　　　　　　　D. 公允价值

6. 下列计价方法中，不符合历史成本计量基础的是（　　）。
   A. 发出存货计价所使用的先进先出法
   B. 可供出售金融资产期末采用公允价值计价
   C. 固定资产计提折旧
   D. 发出存货计价所使用的移动平均法

7. 甲企业 20×1 年发生下列业务：（1）8 月销售一批商品，增值税专用发票上注明的价款是 100 000 元，货款于 9 月收到；（2）8 月预收客户货款 200 000 元存入银行，该批货物于 9 月发出；（3）9 月收到上月销货款 50 000 元。按照权责发生制要求，该企业应确定 8 月的收入为（　　）元。
   A. 350 000　　B. 200 000　　　C. 150 000　　　D. 100 000

8. 出现应收、应付、递延、待摊等会计处理方法的会计假设是（　　）。
   A. 会计主体　　B. 持续经营　　　C. 会计分期　　　D. 货币计量

（二）多项选择题

1. 会计主体的前提条件解决并确定了（　　）。
   A. 会计核算的空间范围　　　　B. 会计核算的时间范围
   C. 会计核算的计量问题　　　　D. 会计为谁记账
   E. 会计核算的标准质量

2. 下列支出属于收益性支出的有（　　）。
   A. 支付当月办公费　　　　　　B. 当月银行借款利息支出
   C. 购置设备支出　　　　　　　D. 工资支出

3. 下列属于资本性支出的有（　　）。
   A. 固定资产日常修理费　　　　B. 购置无形资产支出
   C. 固定资产交付使用前的利息支出　D. 水电费支出

4. 下列计量基础中属于会计实务中使用的计量基础有（　　）。
   A. 历史成本　　B. 可变现净值　　C. 现值　　D. 千克

5. 下列组织可以作为一个会计主体进行核算的有（　　）。
   A. 合伙企业　　　　　　　　　B. 分公司
   C. 股份有限公司　　　　　　　D. 母公司及其子公司组成的企业集团

6. 下列属于会计主体假设的意义的是（　　）。
   A. 明确了会计确认、计量和报告的空间范围
   B. 使会计人员可以选择适用的会计原则和会计方法
   C. 为会计核算确定了时间范围
   D. 能够正确地反映一个经济实体所拥有的经济资源及所承担的义务

任务3　会计信息的质量要求

（一）单项选择题

1. （　　）要求企业应当以实际发生的交易或者事项为依据进行确认、计量和报告，如实反映符合确认和计量要求的各项会计要素及其他相关信息，保证会计信息真实可靠、内容完整。
   A. 可靠性　　B. 相关性　　C. 可理解性　　D. 可比性

2. （　　）要求企业应当按照交易或事项的经济实质进行会计确认、计量和报告，而不应仅仅以交易或事项的法律形式为依据。
   A. 及时性　　B. 重要性　　C. 实质重于形式　　D. 谨慎性

3. 企业按应收账款余额的一定比例提取坏账准备，这是遵循（　　）。
   A. 真实性原则　　B. 谨慎性原则　　C. 配比性原则　　D. 一致性原则

4. 对各项资产应按经济业务的实际交易价格计量，而不考虑随后市场价格变动的影响，其所采用的是（　　）。
   A. 客观性原则　　　　　　　　B. 相关性原则
   C. 历史成本原则　　　　　　　D. 可比性原则

5. 对期末存货采用成本法与可变现净值孰低法计价，其所体现的会计核算的一般原则是（　　）。
   A. 及时性原则　　　　　　　　B. 历史成本原则
   C. 谨慎性原则　　　　　　　　D. 可比性原则

6. 企业将融资租入固定资产视为自有资产核算，所体现的会计核算的一般原则是（   ）。

  A. 可靠性原则   B. 可理解性原则

  C. 重要性原则   D. 实质重于形式原则

7. 企业所使用的会计处理程序和方法，前后各期应当一致，不得随意变更，这体现了（   ）。

  A. 相关性原则   B. 可比性原则

  C. 可靠性原则   D. 可理解性原则

8. 企业提供的会计信息应有助于财务报告使用者对企业过去、现在或者未来的情况作出评价或者预测，这体现了会计信息质量要求中的（   ）要求。

  A. 相关性   B. 可靠性   C. 可理解性   D. 可比性

（二）多项选择题

1. 下列各项会计处理方法中，体现谨慎性原则的是（   ）。

  A. 固定资产采用双倍余额递减法计提折旧

  C. 存货期末采用成本法与可变现净值孰低法计价

  D. 长期债权投资期末采用成本法计价

  E. 原材料采用计划成本计价

2. 可靠性是对会计信息质量的基本要求，可靠性要求做到（   ）。

  A. 内容真实   B. 报告信息及时

  C. 资料可靠   D. 对应关系清楚

3. 下列符合谨慎性原则要求的是（   ）。

  A. 对应收账款计提坏账准备   B. 对固定资产计提折旧

  C. 无形资产摊销   D. 不高估资产或低估负债

4. 对会计信息的可理解性质量要求，要求企业做到（   ）。

  A. 为不同的报告使用者提供不同的会计信息

  B. 企业所提供的会计信息应当清晰明了

  C. 便于投资者等财务报告使用者理解和使用

  D. 按交易或事项的经济实质进行会计确认

（三）判断题

1. 可靠性是会计信息质量首要的要求。（   ）

2. 根据相关性要求，企业提供的会计信息应当与企业管理当局的意图相关联，即会计信息应当满足企业管理当局的管理要求。（   ）

3. 企业选择不导致虚增资产、多计利润的做法，所遵循的是会计的真实性原则。（   ）

任务 4   会计要素

（一）单项选择题

1. 下列各项中，不符合资产定义的是（   ）。

  A. 委托加工物资   B. 委托代销商品

  C. 原材料   D. 代处理财产损溢

2. 下列各项中,不属于企业流动资产的是(　　)。
   A. 存货　　　　　　　　　　　　B. 交易性金融资产
   C. 固定资产　　　　　　　　　　D. 应收票据
3. 下列各项中,能引起负债和所有者权益同时发生变动的是(　　)。
   A. 支付广告费　　　　　　　　　B. 股东会批准现金股利分配方案
   C. 计提长期债券投资利息　　　　D. 盈余公积弥补亏损
4. 下列各项中,使负债增加的是(　　)。
   A. 用分期付款方式购入固定资产　B. 用银行存款购买公司债券
   C. 发行股票　　　　　　　　　　D. 支付现金股利
5. 下列各项中,不属于企业收入要素范围的是(　　)。
   A. 销售商品收入　　　　　　　　B. 出租无形资产收入
   C. 债券投资取得的利息收入　　　D. 接受现金捐赠收入
6. 依据企业会计准则的规定,下列有关收入和利得的表述中,正确的是(　　)。
   A. 收入源于日常活动,利得也可能源于日常活动
   B. 收入会影响利润,利得也一定会影响利润
   C. 收入源于日常活动,利得源于非日常活动
   D. 收入会导致所有者权益的增加,利得不一定导致所有者权益的增加
7. 关于损失,下列说法中正确的是(　　)。
   A. 损失是指由企业日常活动所发生的,会导致所有者权益减少的经济利益的流出
   B. 损失只能计入所有者权益项目,不能计入当期损益
   C. 损失是指由企业非日常活动所发生的、会导致所有者权益减少的、与向所有者分配利润无关的经济利益的流出
   D. 损失只能计入当期损益,不能计入所有者权益项目

(二)多项选择题
1. 下列各项中,属于企业资产范围的有(　　)。
   A. 融资租入设备　　　　　　　　B. 经营方式租出设备
   C. 委托加工物资　　　　　　　　D. 经营方式租入设备
2. 下列项目中,符合负债定义的是(　　)。
   A. 委托加工物资　　　　　　　　B. 投资性房地产
   C. 原材料　　　　　　　　　　　D. 应付债券
   E. 预收账款
3. 所有者权益与负债的区别主要表现在(　　)。
   A. 性质上　　　　　　　　　　　B. 权力上
   C. 会计科目上　　　　　　　　　D. 核算上　　　　　E. 偿债责任上
4. 下列资产中,属于本企业资产范围的有(　　)。
   A. 经营租赁方式租入设备　　　　B. 经营租赁方式租出设备
   C. 融资租入设备　　　　　　　　D. 盘亏的存货
5. 在企业会计实务中,下列事项中能够引起资产总额增加的有(　　)。
   A. 分配生产工人职工薪酬
   B. 转让交易性金融资产确认的净收益

C. 收到投资者投入的资金

D. 长期股权投资权益法下实际收到的现金股利

6. 下列各项中，属于所有者权益来源的有（　　）。

　　A. 所有者投入的资本

　　B. 直接计入所有者权益的利得和损失

　　C. 留存收益

　　D. 发行债券筹集的资金

7. 关于所有者权益，下列说法正确的有（　　）。

　　A. 所有者权益是指企业资产扣除负债后由所有者享有的剩余权益

　　B. 企业的利得和损失可能引起所有者权益增减变动

　　C. 所有者权益金额应单独计量，不取决于资产和负债的计量

　　D. 所有者权益项目应当列入利润表

8. 关于利润，下列说法中正确的有（　　）。

　　A. 利润是指企业在一定会计期间的经营成果

　　B. 直接计入当期利润的利得和损失，是指应当计入当期损益、会导致所有者权益发生增减变动的、与所有者投入资本或者向所有者分配利润无关的利得或者损失

　　C. 利润反映企业某一时点的财务状况

　　D. 利润金额的确定主要取决于收入和费用的计量，不考虑利得和损失金额的影响

（三）判断题

1. 如果某项资产不能再为企业带来经济利益，即使是由企业拥有或者控制的，也不能作为企业的资产在资产负债表中列示。（　　）

2. 企业出售无形资产取得的收入应在"其他业务收入"账户核算。（　　）

3. 凡是不能给企业带来未来经济利益的资源，均不能在资产负债表中反映。（　　）

任务5　会计规范

（一）单项选择题

1. 在我国的会计法规体系中，属于会计规章的是（　　）。

　　A. 中华人民共和国会计法

　　B. 总会计师条例

　　C. 会计档案管理办法

　　D. 某企业内部控制制度

2. 关于我国《企业会计准则》的作用表述中，错误的是（　　）。

　　A. 为其他准则（如具体业务核算与会计报告准则）提供理论基础

　　B. 为其他准则（如具体业务核算与会计报告准则）提供一般原则

　　C. 加强和规范企业会计行为

　　D. 不对企业内部会计制度起规范作用

3. 我国的会计法规体系不包括（　　）。

　　A. 会计法律　　　　　　　　　　B. 会计行政法规

　　C. 某单位的会计核算办法　　　　D. 会计规章

（二）多项选择题

1. 下列各项中，应执行《企业会计准则》的有（　　）。
   A. 股票或债券在市场上公开交易的小企业
   B. 金融机构
   C. 具有金融性质的小企业
   D. 企业集团内的母公司和子公司

2. 下列各项中说法正确的有（　　）。
   A. 执行《小企业会计准则》的小企业，发生的交易或者事项，《小企业会计准则》未做规范的，可以参照《企业会计准则》中的相关规定进行处理
   B. 执行《企业会计准则》的小企业，不得在执行《企业会计准则》的同时，选择执行《小企业会计准则》的相关规定
   C. 执行《小企业会计准则》的小企业公开发行股票或债券的，应当转为执行《企业会计准则》；因经营规模或企业性质发生变化导致不符合小企业标准而成为大中型企业或金融企业的，应当从次年1月1日起转为执行《企业会计准则》
   D. 已执行《企业会计准则》的上市公司、大中型企业和小企业，不得转为执行《小企业会计准则》

3. 下列财务报表，小企业编制的有（　　）。
   A. 资产负债表　　　　　　　　　　B. 利润表
   C. 现金流量表　　　　　　　　　　D. 所有者权益变动表

二、技能考核

 亮闪闪

业务 1

实训目标：掌握会计科目按经济内容的分类。

实训组织：学生分组讨论问题。

实训成果：各组展示，教师讲评。

实训资料：武汉万通制造有限公司 2020 年 9 月有下列经济业务：

1. 存放在出纳处的现金 500 元。
2. 存放在银行里的现金 144 500 元。
3. 向银行借入 3 个月期限的临时借款 600 000 元。
4. 仓库中存放的材料，价值 380 000 元。
5. 仓库中存放的已完工产品，价值 60 000 元。
6. 正在加工中的在产品，价值 75 000 元。
7. 向银行借入 1 年以上期限的借款 1 234 000 元。
8. 房屋及建筑物 2 300 000 元。
9. 所有者投入的资本 2 000 000 元。
10. 机器设备 560 000 元。
11. 应收外单位的货款 140 000 元。
12. 应付外单位的材料款 120 000 元。
13. 以前年度积累的未分配利润 280 000 元。
14. 对外长期股权投资 300 000 元。

要求：判断上述经济业务的科目及所属会计要素，填入表 1-1 中。

表 1-1 按科目经济内容分类

序号	项 目	会计科目	资产	负债	所有者权益
1					
2					
3					
4					
5					
6					
7					
8					
9					
10					

续表

序号	项　　目	会计科目	资产	负债	所有者权益
11					
12					
13					
14					

业务 2

实训目标：掌握账户中有关数据的计算。

实训组织：学生分组讨论问题。

实训成果：各组展示，教师讲评。

实训资料：武汉万通制造有限公司 2020 年 10 月的账户资料如表 1–2 所示。

表 1–2　账户资料　　　　　　　　　　　　　　　　　　　　元

账户名称	期初余额	本期借方发生额	本期贷方发生额	期末余额
银行存款	430 000	1 985 000	2 040 000	
固定资产	2 400 000		496 000	1 920 000
短期借款		160 000	260 000	300 000
应付账款	230 000		200 000	55 000

要求：根据已知数据，计算每个账户的未知数据。

业务 3

实训目标：掌握资金变化类型。

实训组织：学生分组讨论问题。

实训成果：各组展示，教师讲评。

实训资料：武汉万通制造有限公司 2020 年 11 月发生的经济业务如下：

1. 用银行存款购买材料。
2. 用银行存款支付前欠 A 单位货款。
3. 从利润分配中提取盈余公积。
4. 向银行借入长期借款，存入银行。
5. 收到所有者投入的设备。
6. 向国外进口设备，款未付。
7. 用银行存款归还长期借款。
8. 企业以固定资产向外单位投资。
9. 将前欠 B 单位货款转为应付票据。
10. 经批准，退还所有者乙资本金并代其偿还应付其他单位欠款。
11. 企业所有者甲代企业归还银行借款，并将其转为投入资本。
12. 将盈余公积转作资本。

要求：分析上述各项经济业务的资金变化类型，填入表 1–3 中。

表1-3 资金变化类型

类型	经济业务序号
1. 一项资产增加，另一项资产减少	
2. 一项负债增加，另一项负债减少	
3. 一项所有者权益增加，另一项所有者权益减少	
4. 一项资产增加，一项负债增加	
5. 一项资产增加，一项所有者权益增加	
6. 一项资产减少，一项负债减少	
7. 一项资产减少，一项所有者权益减少	
8. 一项负债减少，一项所有权益增加	
9. 一项负债增加，一项所有者权益减少	

考考你

基本信息	姓名		学号		班级		组别		备注	
	规定时间		完成时间		考核日期		总评成绩			

1. 界定从事会计工作和提供会计信息的空间范围的会计基本前提是（　　）。
   A. 会计职能　　　B. 会计主体　　　C. 会计内容　　　D. 会计对象
2. 甲企业12月份发生下列支出：（1）年初支付本年度保险费2 400元，本月摊销200元；（2）预付下年第一季度房屋租金3 000元；（3）支付本月办公开支800元，按照权责发生制要求，本月费用为（　　）元。
   A. 1 000　　　　B. 800　　　　C. 3 200　　　　D. 3 000
3. 实质重于形式原则是指企业应当按照交易或事项的经济实质进行会计核算，而不应当仅仅按照它们的法律形式作为会计核算的依据。下列属于体现这种原则的业务是（　　）。
   A. 购入固定资产　　　　　　　　B. 融资租入固定资产
   C. 计提固定资产减值准备　　　　D. 经营租出低值易耗品
4. 下列不属于会计信息质量要求的是（　　）。
   A. 实用性　　　B. 相关性　　　C. 重要性　　　D. 可比性
5. 以下经营成果中，不属于企业收入的是（　　）。
   A. 销售产品取得的收入　　　　　B. 提供劳务取得的收入
   C. 出售固定资产取得的净收益　　D. 出租专利权取得的收入
6. 下列关于会计基本假设的表述中，正确的有（　　）。
   A. 会计主体确立了会计核算的空间范围
   B. 持续经营与会计分期确立了会计核算的时间长度
   C. 货币计量为会计核算提供了必要手段
   D. 没有会计主体，就不会有持续经营；没有持续经营，就不会有会计分期；没有货币计量，就不会有现代会计
7. 可靠性是对会计信息质量的基本要求，可靠性要求做到（　　）。
   A. 内容真实　　　　　　　　B. 报告信息及时
   C. 资料可靠　　　　　　　　D. 对应关系清楚
8. 下列符合谨慎性原则要求的有（　　）。
   A. 对应收账款计提坏账准备　　B. 对固定资产计提折旧
   C. 无形资产摊销　　　　　　　D. 不高估资产或低估负债
9. 反映所有者权益的会计科目有（　　）。
   A. 利润分配　　　B. 盈余公积　　　C. 投资收益　　　D. 本年利润
10. 下列经济业务中，会影响企业利润的项目有（　　）。
    A. 接受捐赠　　　　　　　　B. 销售商品取得收入
    C. 取得短期借款　　　　　　D. 出租固定资产取得收入

帮帮我

_____

_____

_____

_____

_____

项目二　货币资金与应收账款业务核算

【思政学习心得】

_____

_____

_____

【本项目思维导图】

【学习评价】

一、理论考核

任务1　库存现金的核算

（一）单项选择题

1. 按照现金管理的相关规定，下列各项中，企业不能使用库存现金进行结算的经济业务是（　　）。
   A. 按规定颁发给科技人员的创新奖金
   B. 发放给职工的劳保福利
   C. 向个人收购农副产品的价款
   D. 向外单位支付的机器设备款

2. 某企业现金盘点时发现库存现金短款351元，经批准需由出纳员赔偿200元，其余短缺无法查明原因，关于现金短缺的相关会计科目处理正确的是（　　）。
   A. 借记"财务费用"科目151元
   B. 借记"其他应付款"科目200元
   C. 借记"管理费用"科目151元
   D. 借记"营业外支出"科目

3. 下列各项中，关于现金清查结果的会计处理表述不正确的是（　　）。
   A. 应支付给有关人员的现金溢余，计入其他应付款
   B. 应由责任人赔偿的现金短缺，计入其他应收款
   C. 无法查明原因的现金溢余，按管理权限报经批准后计入营业外收入
   D. 无法查明原因的现金短缺，按管理权限报经批准后计入营业外支出
4. 对于无法查明原因的现金短缺，经批准后应计入（　　）。
   A. 管理费用　　　　　　　　　　B. 财务费用
   C. 营业外支出　　　　　　　　　D. 其他应收款
5. 出纳员提取现金需编制（　　）。
   A. 银行存款收款凭证　　　　　　B. 银行存款付款凭证
   C. 现金收款凭证　　　　　　　　D. 现金付款凭证

(二) 多项选择题

1. 企业现金清查中发现现金短缺，在进行账务处理时可能会涉及的会计科目有（　　）。
   A. 待处理财产损溢　　　　　　　B. 管理费用
   C. 其他应收款　　　　　　　　　D. 营业外支出
2. 下列各项中，关于企业现金溢余的会计处理，表述错误的有（　　）。
   A. 无法查明原因的现金溢余计入营业外收入
   B. 应支付给有关单位的现金溢余计入其他应付款
   C. 无法查明原因的现金溢余冲减管理费用
   D. 应支付给有关单位的现金溢余计入应付账款
3. 在企业发生的下列支出中，按规定可以用现金支付的有（　　）。
   A. 支付的职工差旅费　　　　　　B. 支付银行承兑手续费
   C. 职工报销医药费　　　　　　　D. 支付的购置设备价款
   E. 收购农产品支付的价款
4. 现金溢缺涉及的会计科目有（　　）。
   A. 其他应收款　　　　　　　　　B. 财务费用
   C. 营业外收入　　　　　　　　　D. 营业外支出
   E. 待处理财产损溢

(三) 判断题

1. "库存现金"科目借方登记企业库存现金的减少，贷方登记企业库存现金的增加，期末贷方余额反映期末企业实际持有的库存现金的金额。（　　）
2. 属于无法查明原因的现金短缺，应计入营业外支出。（　　）
3. 属于无法查明原因的现金溢余，应计入营业外收入。（　　）
4. 企业发生经济业务需要支付现金时，可以从本单位的现金收入中直接安排支付。（　　）
5. 出纳员可以同时兼任会计稽核工作。（　　）
6. 企业的库存现金限额只能按照3~5天的日常开支额核定。（　　）

任务 2　银行存款的核算

(一) 单项选择题

1. 下列各项中，关于银行存款业务的表述正确的是（　　）。

A. 企业单位信用卡存款账户可以交存现金
B. 企业信用证保证金存款余额不可以转回其开户行结算存款
C. 企业银行汇票存款的收款人不得将其收到的银行汇票背书转让
D. 企业外埠存款除采购人员可从中提取少量现金外，一律采用转账结算

2. 对于银行已入账而企业尚未入账的未达账款，企业应当（　　）。
A. 根据银行对账单入账　　　　　　B. 根据银行存款余额调节表入账
C. 根据对账单和调节表自制凭证入账　D. 待有关结算凭证到达后入账

（二）多项选择题

1. 企业银行存款日记账与银行对账单不符的主要原因有（　　）。
A. 存在企业已付银行未付的账项　　B. 存在企业已收银行未收的账项
C. 存在银行已付企业未付的账项　　D. 存在银行已收企业未收的账项
E. 企业或银行记账错误

2. 银行存款账户核算的内容包括（　　）。
A. 外埠存款　　　　　　　　　　　B. 外币存款
C. 银行本票存款　　　　D. 人民币存款　　　E. 银行汇票存款

3. 在下列各项中，会使银行存款日记账余额小于银行对账单余额的有（　　）。
A. 企业开出支票，对方未到银行兑现
B. 银行误将其他公司的存款记入本企业银行存款账户
C. 银行代扣水电费，企业尚未接到通知
D. 在委托收款结算方式下，银行收到结算款项，企业尚未收到通知

（三）判断题

1. 银行存款日记账应定期与银行对账单核对，至少每年核对一次。（　　）
2. 现金支票只能提取现金，转账支票只能办理转账。（　　）
3. 银行承兑汇票的承兑人是购货企业的开户银行。（　　）

任务 3　其他货币资金的核算

（一）单项选择题

1. 企业向银行申领信用卡，交存相关款项，收到银行盖章退回的进账单。下列各项中，企业应借记的会计科目是（　　）。
A. 其他货币资金　　B. 其他应收款　　C. 应收票据　　D. 银行存款

2. 下列各项中，企业应通过"其他货币资金"科目核算的经济业务是（　　）。
A. 销售商品收到银行承兑汇票
B. 委托银行代为支付电话费
C. 开出转账支票支付购买办公设备款
D. 为购买股票将资金存入证券公司指定投资款专户

3. 下列各项中，不属于货币资金的是（　　）。
A. 债权人持有的商业汇票　　　　　B. 银行存款
C. 其他货币资金　　　　　　　　　D. 库存现金

4. 甲企业为增值税一般纳税人，企业使用信用卡购买一批办公用品，取得的增值税专用发票上注明价款 1 000 元，增值税 130 元。不考虑其他因素，下列关于购买办公用品应记入的相关科目的表述正确的是（　　）。

A. 借记"管理费用"科目1 130元
B. 借记"材料采购"科目1 130元
C. 贷记"其他货币资金"科目1 130元
D. 贷记"银行存款"科目1 130元

5. 下列各项中,不会引起其他货币资金发生变动的是(   )。
A. 企业销售商品收到商业汇票
B. 企业用银行本票购买办公用品
C. 企业将款项汇往外地开立采购专用账户
D. 企业为购买基金将资金存入在证券公司指定银行开立的投资款专户

6. 企业将款项汇往异地银行开立采购专户,应当编制的会计分录为(   )。
A. 借记"应收账款"科目,贷记"银行存款"科目
B. 借记"其他货币资金"科目,贷记"银行存款"科目
C. 借记"其他应收款"科目,贷记"银行存款"科目
D. 借记"材料采购"科目,贷记"其他货币资金"科目

7. 下列支付方式中,通过"其他货币资金"账户核算的有(   )。
A. 银行本票   B. 支票
C. 商业承兑汇票   D. 银行承兑汇票

(二) 多项选择题

1. 下列各项中,应通过"其他货币资金"科目核算的有(   )。
A. 银行汇票存款   B. 信用卡存款   C. 外埠存款   D. 存出投资款

2. 下列各项中,企业应通过"其他货币资金"科目核算的有(   )。
A. 用银行本票支付采购办公用品的款项
B. 存入证券公司指定账户的款项
C. 汇往异地银行开立采购专户的款项
D. 存入银行信用证保证金专户的款项

3. 在下列项目中,不属于其他货币资金的是(   )。
A. 向银行申请的银行承兑汇票
B. 委托银行开出的银行汇票
C. 存入证券公司准备购买股票的款项
D. 汇到外地并开立采购专户的款项

(三) 判断题

1. 企业收到退回的银行汇票多余款项时,记入"其他货币资金"科目的借方。(   )
2. 商业承兑汇票到期日付款人账户不足支付时,其开户银行应代为付款。(   )
3. 委托收款和托收承付结算方式,都受结算金额起点的限制。(   )

任务4　应收及预付款项的核算

(一) 单项选择题

1. 商业汇票按(   )不同,分为商业承兑汇票和银行承兑汇票。
A. 收款人   B. 付款人   C. 承兑人   D. 被背书人

2. 企业在年末计提坏账准备以后,"坏账准备"科目的余额(   )。
A. 可能在借方   B. 一定在借方

C. 一定在贷方 D. 可能在借方或贷方

3. 企业应按期计提坏账准备，对于已确认的坏账损失，应借记（　　）。
   A. "管理费用"科目 B. "财务费用"科目
   C. "坏账准备"科目 D. "资产减值损失"科目

4. 企业的应收票据在到期时，承兑人无力偿还票款的，应将其转入（　　）科目。
   A. 应收账款 B. 应付账款 C. 其他应收款 D. 预收账款

5. 预付账款不多的企业，可以不设"预付账款"科目，而将预付账款记入（　　）。
   A. "应收账款"科目的借方 B. "应收账款"科目的贷方
   C. "应付账款"科目的借方 D. "应付账款"科目的贷方

6. 企业将持有的不带息商业汇票向银行申请贴现，支付给银行的贴现息应记入的会计科目是（　　）。
   A. 财务费用 B. 管理费用 C. 投资收益 D. 营业外支出

7. 甲公司为增值税一般纳税人，向乙公司销售商品一批，商品价款20万元、增值税2.6万元；以银行存款支付代垫运费1万元、增值税0.09万元，上述业务均已开具增值税专用发票，全部款项尚未收到。不考虑其他因素，甲公司应收账款的入账金额为（　　）万元。
   A. 21 B. 22.6 C. 23.69 D. 20

8. 企业采用托收承付结算方式销售一批商品，增值税专用发票上注明的价款为1 000万元，增值税为130万元，销售商品为客户代垫运费5万元，全部款项已办妥托收手续。不考虑其他因素，该企业应确认的应收账款为（　　）万元。
   A. 1 000 B. 1 005 C. 1 130 D. 1 135

9. 下列各项中，应在"预付账款"科目贷方核算的是（　　）。
   A. 收回多预付款项 B. 预付购入设备的款项
   C. 收到购货款 D. 发出商品

10. 下列各项中，企业不应通过"其他应收款"科目核算的是（　　）。
    A. 应向客户收取的租出包装物租金
    B. 应向客户收取的赊销商品价款
    C. 应向保险公司收取的财产意外损失赔款
    D. 应向职工收取代垫的水电费

11. 下列各项中，属于"其他应收款"科目核算内容的是（　　）。
    A. 为购货单位垫付的运费 B. 应收的提供服务款
    C. 应收的销售商品款 D. 为职工垫付的房租

12. 下列应收、暂付款项中，不通过"其他应收款"科目核算的是（　　）。
    A. 应收保险公司赔款 B. 应向购货方收取的代垫运杂费
    C. 应向职工收取的各种垫付款项 D. 应收出租包装物的租金

13. 下列各项中，企业计提应收款项坏账准备应借记的会计科目是（　　）。
    A. 营业外支出 B. 信用减值损失
    C. 公允价值变动损益 D. 资产减值损失

14. 20×1年年初，甲企业"坏账准备"科目贷方余额为10万元，当期实际发生坏账损失5万元。经减值测试，20×1年年末"坏账准备"科目应保持的贷方余额为16万元。不考虑其他因素，年末甲企业应计提坏账准备的金额为（　　）万元。
    A. 11 B. 6 C. 16 D. 1

15. 甲企业年初"坏账准备"科目的贷方余额为20万元，本年收回上年已确认为坏账的应收账款5万元，经评估确定"坏账准备"科目年末贷方余额应为30万元，不考虑其他因素，该企业年末应计提的坏账准备为（　　）万元。

　　A. 5　　　　　　　B. 10　　　　　　　C. 15　　　　　　　D. 30

16. 20×1年年初，甲公司"坏账准备——应收账款"科目贷方余额为3万元，3月20日收回已核销的坏账12万元，并入账，12月31日"应收账款"科目余额为220万元（所属明细科目为借方余额），评估减值金额为20万元，不考虑其他因素，20×1年年末该公司应计提的坏账准备金额为（　　）万元。

　　A. 17　　　　　　　B. 29　　　　　　　C. 20　　　　　　　D. 5

17. 20×1年12月1日，甲公司"坏账准备——应收账款"科目贷方余额为1万元，12月16日，收回已做坏账转销的应收账款2万元。12月31日，应收账款账面余额为120万元，经评估，应收账款的账面价值为110万元，不考虑其他因素，12月31日，甲公司应计提的坏账准备金额为（　　）万元。

　　A. 10　　　　　　　B. 8　　　　　　　C. 7　　　　　　　D. 9

（二）多项选择题

1. 下列各项，构成应收账款入账价值的有（　　）。
　　A. 增值税销项税额　　　　　　　　B. 商业折扣
　　C. 代购货方垫付的保险费　　　　　D. 销售货款
　　E. 代购货方垫付的运杂费

2. 下列各项中，应记入"坏账准备"科目贷方的有（　　）。
　　A. 按规定计提的坏账准备　　　　　B. 当期发生的坏账损失
　　C. 收回已确认为坏账并转销的应收账款　　D. 冲回多提的坏账准备
　　E. 补提的坏账准备

3. 下列关于现金折扣与商业折扣的说法，正确的是（　　）。
　　A. 商业折扣是指在商品标价上给予的扣除
　　B. 现金折扣是指债权人为鼓励债务人早日付款而向债务人提供的债务扣除
　　C. 在存在商业折扣的情况下，企业应收账款入账金额应按扣除商业折扣后的实际售价确认
　　D. 我国会计实务中采用总价法核算存在现金折扣的交易
　　E. 总价法是将未减去现金折扣前的金额作为实际售价，记作应收账款的入账价值

4. 下列各项中，应记入"应收票据"科目借方的有（　　）。
　　A. 销售商品收到银行汇票　　　　　B. 销售原材料收到商业承兑汇票
　　C. 提供服务收到的银行承兑汇票　　D. 销售原材料收到的转账支票

5. 按现行准则规定，通过"应收票据"和"应付票据"账户核算的票据包括（　　）。
　　A. 银行承兑汇票　　　　　　　　　B. 信用证保证金存款
　　C. 银行本票存款　　　　　　　　　D. 商业承兑汇票

6. 关于"预付账款"账户，下列说法正确的有（　　）。
　　A. "预付账款"属于负债性质的账户
　　B. 预付账款情况不多的企业，可以不单独设置"预付账款"账户，将预付的货款记入"应付账款"账户的借方
　　C. "预付账款"账户贷方余额反映的是应付供应单位的款项

D. "预付账款"账户核算企业应销售业务产生的往来款项

7. 下列各项中,属于"其他应收款"科目核算内容的有(　　)。
   A. 出租包装物支付的押金
   B. 出差人员预借的差旅费
   C. 被投资单位已宣告但尚未发放的现金股利
   D. 为职工垫付的水电费

8. 下列各项中,不应通过"其他货币资金"科目核算的有(　　)。
   A. 销售商品收到的购货方交来的商业汇票
   B. 销售货物收到的银行承兑汇票
   C. 存放在企业其他部门和个人处的备用金
   D. 租入包装物支付的押金

9. 下列各项中,引起应收账款账面价值发生增减变化的有(　　)。
   A. 计提应收账款坏账准备
   B. 结转已到期末兑现的商业承兑汇票
   C. 收回应收账款
   D. 收回已作为坏账转销的应收账款

10. 下列各项中,会引起应收账款账面余额发生增减变动的有(　　)。
    A. 计提坏账准备　　　　　　　　B. 收回应收账款
    C. 转销坏账准备　　　　　　　　D. 已转销的坏账又收回

11. 下列会计处理中,应记入"坏账准备"科目贷方的有(　　)。
    A. 首次按"应收账款"账户期末余额计算坏账准备
    B. 收回已确认并转销的坏账
    C. 期末"坏账准备"账户余额在贷方,且大于计提前坏账准备金额
    D. 冲销多计提的坏账准备

(三) 判断题

1. 在存在现金折扣的情况下,企业应收账款入账金额应按没有扣除现金折扣的实际售价确定。(　　)

2. 应收账款附有现金折扣条件的,应按照扣除现金折扣前的应收账款总额入账。(　　)

3. "坏账准备"账户期末余额在贷方,在资产负债表上列示时,应列示于坏账准备项目中。(　　)

4. 已确认为坏账的应收账款,并不意味着企业放弃了其追索权,一旦重新收回,应及时入账。(　　)

5. 企业计提坏账准备时,按照应计提的金额,借记"信用减值损失"科目。(　　)

6. 企业采购商品或接受服务采用银行汇票结算时,应通过"应付票据"科目核算。(　　)

7. 不单独设置"预付账款"科目的企业,预付的款项可以通过"应收账款"科目核算。(　　)

8. 企业应向保险公司收取的财产损失赔款,应通过"应收账款"科目核算。(　　)

9. 在备抵法下,转销无法收回的应收账款,应冲减坏账准备和应收账款。(　　)

二、技能考核

 任务单

任务 1

项目名称	任务内容清单
任务情境	甲企业 2 月发生下列业务： （1）购入办公用品 320 元，以库存现金支付； （2）从银行提取现金 5 000 元以备零星开支； （3）以库存现金 2 000 元预借职工李立差旅费； （4）以银行存款 60 000 元归还银行长期借款； （5）收回购货方前欠货款 80 000 元存入银行； （6）以银行存款支付业务招待费 2 000 元； （7）将现金 10 000 元存入银行。
任务目标	掌握库存现金、银行存款业务的核算方法，完成上述业务的会计处理。
任务要求	请你根据任务情境，学习库存现金、银行存款业务的核算方法，完成上述业务的会计处理。
任务思考	

任务 2

项目名称	任务内容清单
任务情境	甲企业为增值税一般纳税人，适用的增值税税率为 13%。发生的有关经济业务如下： （1）3 月 5 日，向乙公司赊销商品一批，货款 200 000 元，增值税销项税额 26 000 元。销售成本 180 000 元。付款条件为："2/10，$n/30$"。 （2）3 月 20 日，收到乙公司开出的偿付货税款的商业汇票一张，商业汇票面值为 226 000 元、票面利率 5%、期限 4 个月。 （3）5 月 20 日，将乙公司的商业汇票送至银行申请贴现，贴现率为 6%。 要求：根据上述业务编制会计分录。
任务目标	掌握现金折扣、票据贴现业务的核算方法，完成上述业务的会计处理。
任务要求	请你根据任务情境，学习现金折扣、票据贴现业务的核算方法，完成上述业务的会计处理。
任务思考	

项目二 货币资金与应收账款业务核算

亮闪闪

业务 1

实训目标：掌握银行存款余额调节表的编制方法。
实训组织：学生分组讨论问题。
实训成果：各组展示，教师讲评。
实训资料：2020 年 12 月，武汉万通制造有限公司银行存款日记账账面记录与银行出具的 12 月对账单资料如表 2-1 和表 2-2 所示。

表 2-1 中国工商银行客户存款对账单

网点号：略　　　　　　　　　　　　　　　币种：人民币　2020年　单位：元　页码：1

账号：01001 088081 03635　　户名：武汉万通制造有限公司　　上页余额：2 896 000.00

日期	交易类型	凭证种类	凭证号	对方户名	摘要	借方发生额	贷方发生额	余额	记账信息
12-01	转账	转账支票（密）	67881022	略	销售收入		163 800.00	3 059 800.00	略
12-03	转账	银行本票	12524101	略	采购款	397 800.00		62 000.00	
12-08	转账	转账支票（密）	95773101	略	采购款	320 000.00		42 000.00	
12-10	现金	现金支票（密）	95773201	略	备发工资	120 000.00		222 000.00	
12-12	转账	银行汇票	65792214	略	货款		270 000.00	249 200.00	
12-20	转账	电划		略	税款	4 988.56		2 487 011.44	
12-30	转账	委托收款	3458972	略	电话费	3 254.56		2 483 756.88	
12-31	转账	转账支票（密）	95773102	略	财务保险费	3 000.00		2 453 756.88	
12-31	转账	电汇	65792215	略	预付货款		20 000.00	2 473 756.88	

截止：2020年12月31日　　账户余额：2 473 756.88　　保留余额：0.00　　冻结余额：0.00　　透支余额：0.00　　可用余额：2 473 756.88

打印日期：2020-12-31

表 2-2 银行存款日记账

2020年		凭证号数	结算方式		摘要	借方										√	贷方											√	余额										
月	日		类	号码		亿	千	百	十	万	千	百	十	元	角	分		亿	千	百	十	万	千	百	十	元	角	分		亿	千	百	十	万	千	百	十	元	角	分
12	1				期初余额																												2	8	9	6	0	0	0	0	0
12	2	银收1	转支	6788 1022	销售收款					1	6	3	8	0	0	0																	3	0	5	9	8	0	0	0	0

续表

2020年		凭证		结算方式		摘要	借方 亿千百十万千百十元角分	√	贷方 亿千百十万千百十元角分	√	余额 亿千百十万千百十元角分
月	日	类	号数	方式	号码						
12	4	银付	1	本票	12524101	支付采购款			1 6 3 8 0 0 0 0		2 6 6 2 0 0 0 0 0 0
12	9	银付	2	转支	95773101	支付采购款			1 6 3 8 0 0 0 0		2 3 4 2 0 0 0 0 0 0
12	10	银付	3	现支	95773201	备发工资			1 6 3 8 0 0 0 0		2 3 4 2 0 0 0 0 0 0
12	13	银收	2	银汇	65792214	收到税款	1 6 3 8 0 0 0 0				2 3 4 2 0 0 0 0 0 0
12	21	银付	4	电划		支付税款			1 6 3 8 0 0		2 3 4 2 0 0 0 0 0 0
12	23	银付	5	转支	95773102	支付货款			1 6 3 8 0 0 0		2 3 4 2 0 0 0 0 0 0
12	23	银付	6	转支	95773103	支付货款			1 6 3 8 0 0 0		2 3 4 2 0 0 0 0 0 0
12	27	银收	3	转支	57642512	销售收款					2 3 4 2 0 0 0 0 0 0

续表

2020年		凭证		结算方式		摘要	借方 亿千百十万千百十元角分	贷方 亿千百十万千百十元角分	余额 亿千百十万千百十元角分
月	日	类	号数		号码		√	√	
12	31	银付	7	转支	9577 3104	支付财产保险费	6 3 8 0 0 0 0		2 3 4 2 0 0 0 0 0

武汉万通制造有限公司12月份编制的银行存款余额调节表的情况如表2-3所示。

表2-3 银行存款余额调节表

项 目	金额	项 目	金额
企业银行存款日记账金额		银行对账单余额	
调节后银行存款日记账金额		调节后银行对账单余额	
编制人： 编制日期：		复核人： 复核日期：	

业务2

实训目标：掌握记账凭证的编制方法。
实训组织：学生分组讨论问题，填制记账凭证。
实训成果：各组展示，教师讲评。
实训资料：有关资料如表2-4~表2-7和图2-1~图2-4所示。

表2-4 出差申请单

版本：V1.0 编号：

申请人	刘洋	申请日期	2020年12月18日	职务		部门经理
申请部门		采购部		费用承担部门		采购部
事由			到上海考察订货			
日期		自 2020 年 12 月 18 日 时起至 2020 年 12 月 23 日 时止 计 5 天				
地点			上海			
是否预支费用	☑是 □否	人民币	叁仟元整（小写： ¥3 000 ）			
备注						

部门负责人： 钟鸣   出差人：刘洋

表2-5　差旅费报销单

预算项目：
大项目：

部门　　　　　　　　　　　　　　　　年　　月　　日

出差人						出差事由							
出发			到达			交通工具	交通费		出差补贴		其他费用		
月	日	时	地点	月	日	时	地点		单据张数	金额	天数	金额	项目	单据张数	金额
													住宿费		
													市内车费		
													邮电费		
													办公用品费		
													不买卧铺补贴		
													其他		

附件　　张

报销总额人民币（大写）　　　　　　　　　　　　　　　　　　　　小写合计 ¥

预借差旅费 ¥　　　　　　补领金额 ¥　　　　　　　退还金额 ¥

主管：　　　　审核：　　　　出纳：　　　　　　　　领款人：

表2-6　武汉万通制造有限公司交通费报销标准

职务	交通工具			
	火车	轮船	飞机	其他
高级经理	软卧	一等舱	商务舱	凭据报销
部门经理	硬卧	二等舱	经济舱	凭据报销
职员	硬卧	三等舱	经济舱	凭据报销

表2-7　武汉万通制造有限公司食宿费报销标准　　　　　　　　元

职务	本地区	省内		省外	
	伙食补贴	住宿标准	伙食补助	住宿标准	伙食补助
高级经理	30	凭据报销	40	凭据报销	50
部门经理	30	凭据报销	40	凭据报销	50
职务	30	凭据报销	40	凭据报销	50

图2-1　车票（1）　　　　　　　　　图2-2　车票（2）

3101193424　　**上海增值税专用发票**　　№ 00175894　3101193424 00175894

机器编号：4999××××××××　　发票联　　开票日期：2020年12月21日

购买方	名　　称：武汉万通制造有限公司 纳税人识别号：9×××××××××× 地 址、电 话：××× 开户行及账号：×××			密码区	0 0 0 0		
货物或应税劳务、服务名称	规格型号	单位	数量	单价	金额	税率	税额
*住宿服务*住宿费		天	3.00	300.0000	900.00	6%	54.00
合　　计					¥900.00		¥54.00
价税合计（大写）	⊗玖佰伍拾肆元整				（小写）¥954.00		
销售方	名　　称：上海华鑫宾至如归快捷酒店 纳税人识别号：××× 地 址、电 话：××× 开户行及账号：×××			备注	9131A×××××××		

第三联：发票联　购买方记账凭证

收款人：　　复核：　　开票人：　　销售方：（章）

图 2-3　发票

记 账 凭 证

字第　号

年　月　日

摘　要	总账科目	明细账科目	借方金额（亿 千 百 十 万 千 百 十 元 角 分）	贷方金额（亿 千 百 十 万 千 百 十 元 角 分）	√
合　　计					

附单据　张

会计主管：　　记账：　　出纳：　　复核：　　制单：

图 2-4　记账凭证

考考你

基本信息	姓名		学号		班级		组别		备注	
	规定时间		完成时间		考核日期		总评成绩			

1. 对于无法查明原因的现金短缺,经批准后应计入( )。
   A. 管理费用　　　　B. 财务费用　　　　C. 营业外支出　　　　D. 其他应收款
2. 出纳员提取现金需编制( )。
   A. 银行存款收款凭证　　　　　　　　B. 银行存款付款凭证
   C. 现金收款凭证　　　　　　　　　　D. 现金付款凭证
3. 对银行已入账、企业尚未入账的未达账项,企业编制银行存款余额调节表后,一般应当( )。
   A. 根据银行存款余额调节表进行账务处理
   B. 根据银行对账单上的记录进行账务处理
   C. 根据对账单和调节表自制凭证进行处理
   D. 待结算凭证到达后再进行账务处理
4. 下列不属于未达账项的是( )。
   A. 开户单位已收、银行未收的账项　　B. 开户单位已付、银行未付的账项
   C. 银行已收、开户单位未收的账项　　D. 银行已付、开户单位已付的账项
5. 预付款项情况不多的小企业,也可以不设置"预付账款"科目,将预付的款项直接记入( )的借方。
   A. "应收账款"科目　　　　　　　　B. "其他应收款"科目
   C. "应付账款"科目　　　　　　　　D. "应收票据"科目
6. 现金溢缺核算时涉及的会计科目有( )。
   A. 其他应收款　　B. 财务费用　　C. 营业外收入　　D. 营业外支出
   E. 待处理财产损溢
7. 企业银行存款日记账与银行对账单不符的主要原因有( )。
   A. 存在企业已付银行未付的账项　　B. 存在企业已收银行未收的账项
   C. 存在银行已付企业未付的账项　　D. 存在银行已收企业未收的账项
   E. 企业或银行记账错误
8. 银行存款账户核算的内容包括( )。
   A. 外埠存款　　B. 外币存款　　C. 银行本票存款　　D. 人民币存款
   E. 银行汇票存款
9. 下列既可用于转账结算,又可用于支取现金的有( )。
   A. 普通支票　　　　　　　　　　B. 注有"现金"字样的银行本票
   C. 转账支票　　　　　　　　　　D. 注有"现金"字样的银行汇票
   E. 划线支票
10. 下列项目中,应通过"应付票据"核算的有( )。
    A. 银行汇票　　B. 银行承兑汇票　　C. 商业承兑汇票　　D. 银行本票

帮帮我

_____
_____
_____
_____
_____

项目三 存货业务核算

【思政学习心得】

_____

_____

_____

【本项目思维导图】

【学习评价】

一、理论考核

任务1 原材料业务的核算

（一）单项选择题

1. 甲工业企业为增值税一般纳税人，购入材料一批，增值税专用发票上注明的价款为25万元，增值税为3.25万元，另支付材料的保险费2万元、包装物押金2万元。该批材料的采购成本为（　　）万元。

    A. 27　　　　　　B. 29　　　　　　C. 29.25　　　　　　D. 31.25

2. 乙工业企业为增值税一般纳税人。本月购进原材料200千克，货款为6 000元，增值税为780元；发生的保险费为350元，入库前的挑选整理费用为130元；验收入库时发现数量短缺10%，经查属于运输途中合理损耗。乙工业企业该批原材料实际单位成本为每千克（　　）元。

    A. 32.4　　　　　B. 33.33　　　　　C. 35.28　　　　　D. 36

3. 企业在记录原材料、产成品等存货时，采用的明细账格式一般是（　　）。

    A. 三栏式明细账　　　　　　　　　B. 多栏式明细账

    C. 横线登记式明细账　　　　　　　D. 数量金额式明细账

4. 甲工业企业月初结存材料的计划成本为250万元，材料成本差异为超支45万元；当月入库材料的计划成本为550万元，材料成本差异为节约85万元；当月生产车间领用材料的计划成本为600万元。当月生产车间领用材料的实际成本为（　　）万元。

　　A. 502.5　　　　B. 570　　　　C. 630　　　　D. 697.5

5. 甲工业企业月初结存材料的计划成本为100 000元，成本差异为节约1 000元；本月入库材料的计划成本为100 000元，成本差异为超支为400元。当月生产车间领用材料的计划成本为150 000元。假定该企业按月末计算的材料成本差异率分配结转材料成本差异，则当月生产车间领用材料应负担的材料成本差异为（　　）元。

　　A. 450　　　　B. -450　　　　C. 1 050　　　　D. -1 050

6. 企业对于已记入"待处理财产损溢"科目的存货盘亏及毁损事项进行会计处理时，应计入管理费用的是（　　）。

　　A. 管理不善造成的存货净损失　　　　B. 自然灾害造成的存货净损失
　　C. 应由保险公司赔偿的存货损失　　　　D. 应由过失人赔偿的存货损失

7. 乙公司为增值税小规模纳税人，该企业购入甲材料600千克，每千克不含税单价为50元，运输途中发生合理损耗10千克，入库前发生挑选整理费用200元。该批甲材料的入账价值为（　　）元。

　　A. 30 000　　　　B. 32 000　　　　C. 30 200　　　　D. 31 100

8. 乙工业企业为增值税一般纳税人，本期外购原材料一批，购买价格为10 000元，增值税为1 300元，入库前发生的挑选整理费用为500元。该批原材料的入账价值为（　　）元。

　　A. 10 000　　　　B. 11 800　　　　C. 10 500　　　　D. 12 200

9. 下列各种存货发出的计价方法中，不利于存货成本日常管理与控制的方法是（　　）。

　　A. 先进先出法　　　　B. 后进先出法
　　C. 月末一次加权平均法　　　　D. 个别计价法

10. 甲工业企业为增值税一般纳税人，4月购入A材料1 000千克，增值税专用发票上注明的买价为30 000元，增值税为3 900元，该批A材料在运输途中发生1%的合理损耗，实际验收入库990千克，在入库前发生挑选整理费用300元。该批入库A材料的实际总成本为（　　）元。

　　A. 29 700　　　　B. 29 997　　　　C. 30 300　　　　D. 35 400

11. 甲工业企业采用计划成本对材料进行日常核算，12月月初结存材料的计划成本为200万元，成本差异贷方余额为3万元；本月入库材料的计划成本为1 000万元，成本差异借方发生额为6万元；本月发出材料的计划成本为800万元。甲企业按本月材料成本差异率分配本月发出材料应负担的材料成本差异。甲企业12月31日结存材料的实际成本为（　　）万元。

　　A. 399　　　　B. 400　　　　C. 401　　　　D. 402

（二）多项选择题

1. 下列各项中，构成工业企业外购存货入账价值的有（　　）。

　　A. 买价　　　　B. 运杂费
　　C. 运输途中的合理损耗　　　　D. 入库前的挑选整理费用

2. 下列明细账中，可采用数量金额式账簿的有（　　）。
   A. 原材料明细账　　　　　　　B. 库存商品明细账
   C. 制造费用明细账　　　　　　D. 应收账款明细账
3. 下列各项与存货相关的费用中，应计入存货成本的有（　　）。
   A. 材料采购过程中发生的保险费　　B. 材料入库前发生的挑选整理费
   C. 材料入库后发生的储存费用　　　D. 材料采购过程中发生的装卸费用
   E. 材料采购过程中发生的运输费用
4. 下列项目中，应计入工业企业存货成本的有（　　）。
   A. 进口原材料支付的关税　　　　　B. 生产过程中发生的制造费用
   C. 原材料入库前的挑选整理费用　　D. 自然灾害造成的原材料净损失
5. 下列项目中，应计入材料采购成本的有（　　）。
   A. 制造费用　　　　B. 进口关税　　　　C. 运输途中的合理损耗
   D. 一般纳税人购入材料支付的可以抵扣的增值税
6. 企业对发出存货的实际成本进行计价的方法有（　　）。
   A. 个别计价法　　　　　　　　B. 加权平均法
   C. 先进先出法　　　　　　　　D. 后进先出法
7. 下列关于存货会计处理的表述中，正确的有（　　）。
   A. 在存货采购过程中发生的合理损耗计入存货采购成本
   B. 存货跌价准备通常应当按照单个存货项目计提，也可分类计提
   C. 债务人因债务重组转出存货时不结转已计提的相关存货跌价准备
   D. 发出原材料采用计划成本核算的应于资产负债表日调整为实际成本
8. 下列项目中，应确认为购货企业存货的有（　　）。
   A. 销售方已确认销售，但尚未发运给购货方的商品
   B. 购销双方已签订协议约定，但尚未办理商品购买手续
   C. 未收到销售方结算发票，但已运抵购货方验收入库的商品
   D. 购货方已付款购进，但尚在运输途中的商品
9. 下列有关存货会计处理的表述中，正确的有（　　）。
   A. 因自然灾害造成的存货净损失，计入营业外支出
   B. 随商品出售单独计价的包装物成本，计入其他业务成本
   C. 一般纳税人进口原材料交纳的增值税，计入相关原材料成本
   D. 结转商品销售成本时，将相关存货跌价准备调整为主营业务成本
10. 下列与存货相关的会计处理表述中，正确的有（　　）。
    A. 应收保险公司存货损失赔偿款计入其他应收款
    B. 资产负债表日存货应按成本与可变现净值孰低计量
    C. 按管理权限报经批准的盘盈存货价值冲减管理费用
    D. 结转销售成本的同时结转其已计提的存货跌价准备

（三）判断题
1. 企业采用计划成本核算原材料，平时收到原材料时应按实际成本借记"原材料"科目，领用或发出原材料时应按计划成本贷记"原材料"科目，期末再将发出材料和期末库存材料调整为实际成本。（　　）
2. 甲股份有限公司在财产清查时发现的存货盘亏、盘盈，应当于年末结账前处理完毕，

如果确实尚未报经批准，可先保留在"待处理财产损溢"科目中，待批准后再处理。（　　）

3. 企业采用先进先出法计量发出存货的成本，如果本期发出存货的数量超过本期第一次购进存货的数量（假定本期期初无库存），超过部分仍应按本期第一次购进存货的单位成本计算出货的成本。（　　）

任务 2　周转材料业务的核算

（一）单项选择题

1. 甲工业企业对随同商品出售而不单独计价的包装物进行会计处理时，该包装物的实际成本应结转到（　　）。

    A. "制造费用"科目　　　　　　　B. "销售费用"科目
    C. "管理费用"科目　　　　　　　D. "其他业务支出"科目

2. 在销售过程中，随同产品出售单独计价的包装物，结转售出包装物成本时应借记（　　）。

    A. "生产成本"科目　　　　　　　B. "其他业务成本"科目
    C. "管理费用"科目　　　　　　　D. "销售费用"科目

（二）多项选择题

1. 以下关于包装物的核算，正确的有（　　）。

    A. 生产领用包装物，借记"生产成本"科目，贷记"周转材料——包装物"科目
    B. 随同商品出售而不单独计价的包装物，借记"主营业务成本"科目，贷记"周转材料——包装物"科目
    C. 随同商品出售并且单独计价的包装物，借记"其他业务成本"科目，贷记"周转材料——包装物"科目
    D. 出租给购货单位使用的包装物，借记"其他业务成本"科目，贷记"周转材料——包装物"科目

2. 下列各项中，关于周转材料会计处理表述正确的有（　　）。

    A. 多次使用的包装物应根据使用次数分次进行摊销
    B. 低值易耗品金额较小的可在领用时一次计入成本费用
    C. 随同商品销售出借的包装物的摊销额应计入管理费用
    D. 随同商品出售单独计价的包装物取得的收入应计入其他业务收入

3. 低值易耗品存货包括（　　）。

    A. 原料及主要材料　　B. 工具　　C. 管理工具　　D. 劳保用品

4. 采用分次摊销法核算低值易耗品时，需要在"周转材料——低值易耗品"总账下设置的明细账户有（　　）。

    A. 在用低值易耗品　　　　　　　B. 在库低值易耗品
    C. 租入低值易耗品　　　　　　　D. 低值易耗品摊销

5. 包装物核算的范围包括（　　）。

    A. 生产领用的包装物　　　　　　B. 随同产品销售不单独计价的包装物
    C. 随同产品销售单独计价的包装物　D. 出租和出借的包装物

6. 下列会计处理正确的有（　　）。

    A. 生产领用包装物，应将包装物成本记入"生产成本"账户
    B. 随产品销售不单独计价的包装物，其成本应转入"其他业务成本"账户

C. 随产品销售单独计价的包装物，其成本应转入"销售费用"账户
D. 出借包装物的摊销应记入"销售费用"账户

（三）判断题

1. 包装物是指企业在生产经营活动中为包装本企业产品而储备的各种包装容器，其增减变动通过"周转材料——包装物"科目核算，期末并入存货项目列报。（　　）
2. 周转材料可以分次摊销，也可以一次摊销，无须在备查簿上登记。（　　）
3. 出租包装物的一次摊销法，就是在出租包装物报废时，一次性全额摊销其成本。（　　）

任务3　委托加工物资的核算

（一）单项选择题

1. 甲工业公司委托外单位加工商品一批，该批委托加工物资为应税消费品。该批物资收回后，直接用于销售。则该公司应于提货时，将受托单位代扣代交的消费税记入（　　）。

　　A. "委托加工物资"的借方
　　B. "应交税费——应交消费税"的借方
　　C. "应交税费——应交消费税"的贷方
　　D. "税金及附加"的借方

2. 甲公司为增值税一般纳税人，适用的增值税税率为13%。甲公司委托乙公司（增值税一般纳税人）代为加工一批属于应税消费品的原材料（非金银首饰），该批委托加工原材料收回后用于继续加工应税消费品。发出原材料实际成本为620万元，支付的不含增值税的加工费为100万元，增值税为13万元，代收代交的消费税为80万元。该批委托加工原材料已验收入库，其实际成本为（　　）万元。

　　A. 720　　　　B. 737　　　　C. 800　　　　D. 817

3. 甲、乙公司均为增值税一般纳税人，甲公司委托乙公司加工一批应交消费税的半成品，收回后用于连续生产应税消费品。甲公司发出原材料的实际成本210万元，支付加工费6万元、增值税0.78万元、消费税24万元。假定不考虑其他相关税费，甲公司收回该半成品的入账价值为（　　）万元。

　　A. 216　　　　B. 216.78　　　C. 240　　　　D. 240.78

（二）多项选择题

1. 甲企业为增值税一般纳税人，委托外单位加工一批材料（属于应税消费品，且为非金银首饰）。该批原材料加工收回后用于连续生产应税消费品。甲企业发生的下列各项支出中，会增加收回委托加工材料实际成本的有（　　）。

　　A. 支付的加工费　　　　　　　　B. 支付的增值税
　　C. 负担运杂费　　　　　　　　　D. 支付的消费税

2. 甲企业为增值税一般纳税人，委托其他单位加工应税消费品，该产品收回后继续加工，下列各项中，应计入委托加工物资成本的有（　　）。

　　A. 发出材料的实际资本　　　　　B. 支付给受托方的加工费
　　C. 支付给委托方的增值税　　　　D. 受托方代收代交的消费税

3. 下列税金中，应计入存货成本的有（　　）。

　　A. 由受托方代扣代交的委托加工继续用于生产应纳消费税的商品负担的消费税

B. 由受托方代扣代交的委托加工直接用于对外销售的商品负担的消费税
C. 进口原材料交纳的进口关税
D. 进口商品交纳的进口消费税

4. 20×1 年 4 月 21 日，甲企业发出实际成本为 100 万元的原材料，委托乙企业加工成半成品，20×1 年 4 月 30 日加工完成，收回后直接对外出售。甲企业根据乙企业开具的增值税专用发票，向其支付加工费 5 万元和增值税 0.65 万元，另支付消费税 12 万元。甲企业和乙企业均为增值税一般纳税人，假定不考虑其他相关税费，下列说法中正确的有（　　）。

A. 原材料的实际成本和加工费、消费税应当计入委托加工物资成本
B. 增值税和消费税应当计入委托加工物资成本
C. 甲企业收回该批委托加工物资的入账价值为 117 万元
D. 甲企业收回该批委托加工物资的入账价值为 117.65 万元

5. 甲公司（一般纳税人）委托外地乙工厂加工一批包装物，其实际成本构成应包括（　　）。

A. 加工耗用材料的计划成本
B. 加工耗用材料应负担的材料成本差异
C. 增值税专用发票上注明的进项税额
D. 支付或负担的加工费用

任务 4　存货清查与期末计价

（一）单项选择题

1. 企业对生产用材料因自然溢余原因而产生的盘盈，在报经批准后，应当（　　）。

A. 冲减生产成本　　　　　　　B. 冲减制造费用
C. 冲减管理费用　　　　　　　D. 冲减销售费用

2. 企业对属于非常损失所造成的原材料毁损，应将扣除保险公司赔偿、过失人赔偿以及残料价值后的差额，计入（　　）。

A. 管理费用　　B. 其他业务支出　　C. 制造费用　　D. 营业外支出

3. 甲公司因自然灾害毁损一批材料，其成本为 1 000 元，增值税进项税额为 130 元，收到保险公司赔款 200 元，残料收入 100 元，批准后计入营业外支出的金额为（　　）元。

A. 1 170　　　　B. 830　　　　C. 700　　　　D. 1 000

4. 甲公司因管理不善毁损一批材料，其成本为 1 000 元，增值税进项税额为 130 元，收到保险公司赔款 200 元，残料收入 100 元，批准后计入管理费用的金额为（　　）元。

A. 1 170　　　　B. 830　　　　C. 700　　　　D. 1 000

5. 甲公司因暴雨毁损库存原材料一批，其成本为 200 万元，经确认应转出的增值税为 26 万元，收回残料价值 8 万元，收到保险公司赔偿款 112 万元。假定不考虑其他因素，经批准企业确认该材料毁损净损失的会计分录是（　　）。（分录中金额单位为万元）

A. 借：营业外支出　　　　　　　　　　　　　　　　　　106
　　　贷：待处理财产损溢　　　　　　　　　　　　　　　　　106

B. 借：管理费用　　　　　　　　　　　　　　　　　　　106
　　　贷：待处理财产损溢　　　　　　　　　　　　　　　　　106

C. 借：营业外支出　　　　　　　　　　　　　　　　　　80
　　　贷：待处理财产损溢　　　　　　　　　　　　　　　　　80

D. 借：管理费用　　　　　　　　　　　　　　　80
　　贷：待处理财产损溢　　　　　　　　　　　　　　80

6. 甲公司原材料采用实际成本核算。20×1年6月29日该企业对存货进行全面清查。发现短缺原材料一批，账面成本12 000元。已计提跌价准备2 000元，经确认，应由保险公司赔款4 000元，由过失人员赔款3 000元，假定不考虑其他因素，该项存货清查业务应确认的净损失为（　　）元。
　　A. 3 000　　　　B. 5 000　　　　C. 6 000　　　　D. 8 000

（二）多项选择题

1. 企业存货应当定期清查，每年至少清查一次。清查存货采用的方法通常有（　　）。
　　A. 实地盘点法　　B. 发函询证法　　C. 技术推算法　　D. 对账单核对法

2. 企业发生的原材料盘亏或毁损中，应作为"管理费用"列支的是（　　）。
　　A. 自然灾害造成的毁损净损失
　　B. 保管中发生的定额内自然损耗
　　C. 收发计量造成的定额内自然损耗
　　D. 管理不善造成的盘亏损失

3. 下列关于存货清查盘盈盘亏的表述中，正确的有（　　）。
　　A. "待处理财产损溢"科目借方登记存货的盘亏金额、毁损金额及盘盈的转销金额，贷方登记存货的盘盈及盘亏的转销金额
　　B. 对于应由保险公司和过失人支付的赔款，记入"其他应收款"科目
　　C. 自然灾害造成的存货毁损，要做进项税额转出
　　D. 扣除残料价值和应由保险公司、过失人赔款后的净损失，属于一般经营损失的部分，记入"管理费用"科目，属于非常损失的部分，记入"营业外支出——非常损失"科目

4. 下列有关存货会计处理的表述中，正确的有（　　）。
　　A. 因自然灾害造成的存货净损失，计入营业外支出
　　B. 随商品出售单独计价的包装物成本，计入其他业务成本
　　C. 一般纳税人进口原材料交纳的增值税，计入相关原材料的成本
　　D. 结转商品销售成本时，将相关存货跌价准备调整为主营业务成本

5. 下列与存货相关的会计处理表述中，正确的有（　　）。
　　A. 应收保险公司存货损失赔偿款计入其他应收款
　　B. 资产负债表日存货应按成本与可变现净值孰低计量
　　C. 按管理权限报经批准的盘盈存货价值冲减管理费用
　　D. 结转销售成本的同时结转其已计提的存货跌价准备

（三）判断题

1. 甲股份有限公司在财产清查时发现的存货盘亏、盘盈，应当于年末结账前处理完毕，如果确实尚未报经批准，可先保留在"待处理财产损溢"科目中，待批准后再处理。（　　）

2. 企业每期都应当重新确定存货的可变现净值，如果以前减记存货价值的影响因素已经消失，则减记的金额应当予以恢复，并在原已计提的存货跌价准备的金额内转回。（　　）

二、技能考核

 任务单

任务 1

项目名称	任务内容清单
任务情境	甲企业为一般纳税人，5月18日从乙企业购入原材料一批，取得的增值税专用发票上注明的原材料价款为 200 000 元，增值税为 26 000 元。 （1）假定发票等结算凭证已经收到，货款已通过银行转账支付，材料已运到并已验收入库。（单料同到） （2）假定购入材料的发票等结算凭证已收到，货款已通过银行转账支付，但材料尚未运到。（单到料未到） （3）假定购入的材料已经运到，并已验收入库，但发票等结算凭证尚未收到，货款尚未支付。5月末，甲企业应按暂估价入账，假定其暂估价为 180 000 元。（料到单未到） 要求：编制相关的账务处理。
任务目标	掌握原材料采购业务的核算方法。
任务要求	请你根据任务情境，学习原材料业务的核算办法，完成上述业务的会计处理。
任务思考	

任务 2

项目名称	任务内容清单
任务情境	甲企业委托乙企业加工材料一批（属于应税消费品）。原材料成本为 20 000 元，支付的加工费为 7 000 元（不含增值税），消费税税率为 10%，材料加工完成并已验收入库，加工费用等已经支付。双方适用的增值税税率为 13%。甲企业按照实际成本核算原材料。
任务目标	掌握委托加工业务的核算方法。
任务要求	请你根据任务情境，学习委托加工业务的核算方法，完成上述业务的会计处理。
任务思考	

任务 3

项目名称	任务内容清单
任务情境	甲企业为一般纳税人，月初"材料成本差异"账户贷方余额为 2 600 元，"原材料"账户借方余额为 26 200 元，6 月份该公司发生的有关原材料收发的业务如下： （1）6 月 3 日，购入原材料一批，取得的增值税专用发票上注明的原材料价款为 20 000 元，增值税为 2 600 元，发票等结算凭证已经收到，货款已通过银行转账支付。材料已验收入库。该批材料的计划成本为 21 000 元。 （2）6 月 6 日，购入原材料一批，发票等结算凭证已收到，其中列明的价款为 10 000 元，增值税为 1 300 元，货款已经支付，但到月末材料尚未运到。该批材料的计划成本为 9 000 元。 （3）6 月 10 日，购入原材料一批，材料已经运到，并验收入库，但发票等结算凭证尚未收到，货款尚未支付。该批材料的计划成本为 30 000 元。 （4）6 月 12 日，收到有关结算凭证并支付货款，假设该批材料的实际成本为 35 000 元，支付的增值税为 4 550 元。 （5）6 月 15 日，购进材料一批，取得的增值税专用发票上注明的原材料价款为 3 000 元，增值税为 390 元。双方商定采用商业承兑汇票结算方式支付货款，付款期限为 3 个月。材料已经到达并验收入库。该批材料的计划成本为 2 800 元。 （6）6 月 30 日，汇总本月已付款或已开出承兑商业汇票的入库原材料计划成本为 53 800 元。 （7）6 月 30 日，结转本月已经付款或已开出承兑商业汇票的入库原材料的材料成本差异，其实际成本为 58 000 元。 （8）6 月 30 日，原材料发料凭证汇总表表明，生产车间领用原材料 10 000 元，车间管理部门领用原材料 3 000 元，厂部管理部门领用原材料 7 000 元，销售部门领用原材料 1 000 元，售出原材料 4 000 元。
任务目标	掌握原材料计划成本的核算方法。
任务要求	请你根据任务情境，学习原材料计划成本业务的核算方法，完成上述业务的会计处理。
任务思考	

亮闪闪

业务 1

实训目标：掌握记账凭证的编制方法。
实训组织：学生分组讨论问题。
实训成果：各组展示，教师讲评。
实训资料：有关资料如图 3-1~图 3-4 所示。

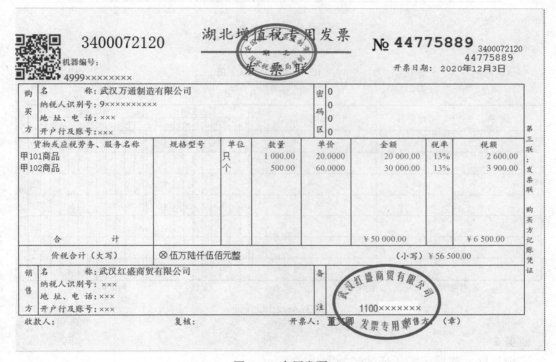

图 3-1　专用发票

图 3-2　转账支票

入 库 单

2020 年 12 月 3 日　　　　　　编号：00513

序号	名称	规格	单位	数量	供应商
1	甲101商品		只	1 000	武汉红盛商贸有限公司
2	甲101商品		个	500	武汉红盛商贸有限公司

第三联：财务部

制单：　　　　　　　　　　　　　　　　复核：

图 3-3　入库单

记 账 凭 证

　　　年　月　日　　　　　　　　　字第　号

摘要	总账科目	明细账科目	借方金额 亿千百十万千百十元角分	贷方金额 亿千百十万千百十元角分	√
	合　计				

附单据　张

会计主管：　　　记账：　　　出纳：　　　复核：　　　制单：

图 3-4　记账凭证

业务 2

实训目标：掌握记账凭证的编制方法。

实训组织：学生分组讨论问题。

实训成果：各组展示，教师讲评。

实训资料：有关资料如图 3-5~图 3-10 所示。

存货盘点表（会计记账联）

存货地点：综合仓库　　　　　2020 年 12 月 10 日

存货名称及规格	计量单位	数量		盘盈			盘亏			盈亏原因
		账存	实存	数量	单价	金额	数量	单价	金额	
甲101商品	只	6 500	6 522	22	22.00	484				原因待查
乙202商品	辆	700	698				2	297.00	594.00	原因待查
丙301商品	套	900	898				2	105.00	210.00	原因待查
丙302商品	件	120	119				1	55.00	55.00	原因待查

图 3-5　存货盘点表

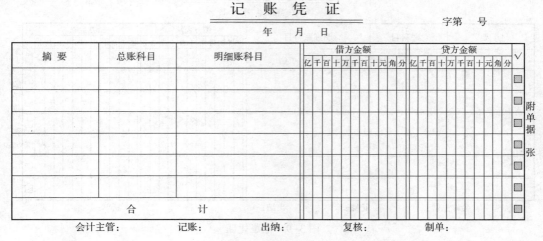

图 3-6　记账凭证

图 3-7　记账凭证

盘盈盘亏处理报告

　　公司于2020年12月10日对存货进行盘点清查，发现原材料（乙202商品、丙301商品、丙302商品）实际数比账面少，经查系公司内部管理不善造成丢失。通过公司内部会议讨论决定损失由公司承担。发现原材料（甲101商品）实际比账面多，经查系计量工具不准造成的。

武汉万通制造有限公司
2020年12月10日

图 3-8　盘盈盘亏处理报告

记 账 凭 证

年　月　日　　　　　　　　　　　　　字第　号

摘　要	总账科目	明细账科目	借方金额 亿千百十万千百十元角分	贷方金额 亿千百十万千百十元角分	√
	合　　　计				

会计主管：　　　记账：　　　出纳：　　　复核：　　　制单：

图 3-9　记账凭证

记 账 凭 证

年　月　日　　　　　　　　　　　　　字第　号

摘　要	总账科目	明细账科目	借方金额 亿千百十万千百十元角分	贷方金额 亿千百十万千百十元角分	√
	合　　　计				

会计主管：　　　记账：　　　出纳：　　　复核：　　　制单：

图 3-10　记账凭证

考考你

基本信息	姓名		学号		班级		组别		备注	
	规定时间		完成时间		考核日期		总评成绩			

1. "材料成本差异"账户的期末贷方余额表示期末结存材料的（　　）。
   A. 实际成本大于计划成本的超支差额　　B. 实际成本小于计划成本的节约差额
   C. 实际成本　　　　　　　　　　　　　D. 计划成本

2. 结转入库材料物资的实际成本小于计划成本的节约差异，应记入（　　）。
   A. "材料采购"账户的借方　　　　　　B. "材料成本差异"账户的借方
   C. "材料采购"账户的贷方　　　　　　D. "材料成本差异"账户的贷方

3. 某企业材料采用计划成本核算，月初结存材料计划成本为130万元，材料成本差异为节约20万元。当月购入材料一批，实际成本为110万元，计划成本为120万元，领用材料的计划成本为100万元。该企业当月领用材料的实际成本为（　　）万元。
   A. 88　　　　　B. 96　　　　　C. 100　　　　　D. 112

4. 某企业材料采用计划成本核算，月初结存材料计划成本为200万元，材料成本差异为节约20万元，当月购入材料一批，实际成本为135万元，计划成本为150万元，领用材料的计划成本为180万元。当月结存材料的实际成本为（　　）万元。
   A. 153　　　　　B. 162　　　　　C. 170　　　　　D. 187

5. 某企业采用计划成本进行材料的日常核算，月初结存材料的计划成本为80万元，成本差异为超支20万元。当月购入材料一批，实际成本为110万元，计划成本为120万元。当月领用材料的计划成本为100万元，当月领用材料应负担的材料成本差异为（　　）万元。
   A. 超支5　　　　B. 节约5　　　　C. 超支15　　　　D. 节约15

6. 某企业月初结存材料的计划成本为250万元，材料成本差异为超支45万元；当月入库材料的计划成本为550万元，材料成本差异为节约85万元；当月生产车间领用材料的计划成本为600万元。当月结存材料应负担的材料成本差异为（　　）万元。
   A. 节约30　　　B. 节约10　　　C. 超支30　　　D. 超支10

7. 下列各项中，应计入制造企业存货成本的有（　　）。
   A. 进口原材料支付的关税
   B. 采购原材料发生的运输费
   C. 自然灾害造成的原材料净损失
   D. 用于生产产品的固定资产修理期间的停工损失

8. 下列各种物资中，应当作为企业存货核算的有（　　）。
   A. 房地产开发企业建造的用于对外出租的商品房
   B. 发出商品
   C. 低值易耗品
   D. 房地产开发企业建造的用于对外出售的商品房

9. 下列各项支出中，应计入原材料成本的有（　　）。
   A. 因签订采购原材料购销合同而支付的采购人员差旅费
   B. 因原材料运输而支付的保险费
   C. 因购买原材料而支付的运输费
   D. 因外购原材料在投入使用前租用仓库而支付的仓储费
10. 下列各项与存货相关的费用中，应计入存货成本的有（　　）。
    A. 材料采购过程中发生的保险费　　B. 材料入库前发生的挑选整理费
    C. 材料入库后发生的储存费　　　　D. 材料采购过程中发生的装卸费

帮帮我

项目四　固定资产业务核算

【思政学习心得】

_____

_____

_____

【本项目思维导图】

【学习评价】

一、理论考核

任务1　固定资产增加业务的核算

（一）单项选择题

1. 甲企业为增值税一般纳税人，购入生产用设备一台，取得的增值税专用发票上注明价款10万元，增值税1.3万元，发生运费取得的增值税专用发票上注明运费0.5万元，增值税0.045万元，发生保险费取得的增值税专用发票注明保险费0.3万元，增值税0.018万元，该设备取得时的成本为（　　）万元。
    A. 10.8　　　　　B. 10.818　　　　C. 10.863　　　　D. 12.163

2. 甲企业自行建造一幢仓库，购入一批工程物资，取得的增值税专用发票上注明价款200万元，增值税26万元，已全部用于建造仓库；耗用原材料费50万元，购入时的增值税16.5万元；支付建筑工人工资30万元。不考虑其他因素。该仓库建造完成并达到预定可使用状态，其入账价值为（　　）万元。
    A. 306　　　　　B. 280　　　　　C. 312.5　　　　D. 230

3. 某大型生产线达到预定可使用状态前，进行联合试车发生的费用，应计入的会计科目是（　　）。
    A. 长期待摊费用　　B. 营业外支出　　C. 在建工程　　　D. 管理费用

4. 甲公司购入生产用需要安装的旧机器一台，售出单位该机器的账面原价 500 000 元，双方按质论价，以 410 000 元成交，购入后发生安装成本 8 000 元。款项用银行存款支付，不考虑相关税费，则甲公司在机器安装完毕交付使用时应做的会计分录为（　　）。

  A. 借：固定资产　　　　　　　　　　　　　　418 000
    贷：银行存款　　　　　　　　　　　　　　418 000
  B. 借：固定资产　　　　　　　　　　　　　　418 000
    贷：在建工程　　　　　　　　　　　　　　418 000
  C. 借：固定资产　　　　　　　　　　　　　　511 000
    贷：固定资产　　　　　　　　　　　　　　511 000
  D. 借：固定资产　　　　　　　　　　　　　　511 000
    贷：在建工程　　　　　　　　　　　　　　421 000
      累计折旧　　　　　　　　　　　　　　90 000

5. 购置需要安装的固定资产的入账价值为（　　）。
  A. 含增值税购买价
  B. 含增值税购买价+安装调试费+包装费+运费
  C. 不含增值税购买价
  D. 不含增值税购买价+安装调试费+包装费+运费

6. 为建造固定资产而发生的利息支出，在固定资产达到预定可使用状态后发生的，应计入（　　）。
  A. 在建工程　　B. 财务费用　　C. 营业费用　　D. 固定资产

7. 下面不属于固定资产的特征的是（　　）。
  A. 为生产商品、提供劳务而持有的　　B. 为出租或经营管理而持有的
  C. 单位价值较高　　　　　　　　　　D. 使用寿命超过一个会计年度

8. 对于固定资产的成本，下列说法错误的是（　　）。
  A. 以一笔款项购入多项没有单独标价的固定资产，应当按照各项固定资产账面价值比例对总成本进行分配，分别确定各项固定资产的成本
  B. 购买固定资产的价款超过正常信用条件延期支付，实质上具有融资性质的，固定资产的成本以购买价款的现值为基础确定
  C. 自行建造固定资产的成本，由建造该项资产达到预定可使用状态前所发生的必要支出构成
  D. 外购固定资产的成本，包括购买价款、相关税费、使固定资产达到预定可使用状态前所发生的可归属于该项资产的运输费、装卸费、安装费和专业人员服务费等

（二）多项选择题

1. 在采用自营方式建造固定资产的情况下，下列项目中应计入固定资产取得成本的有（　　）。
  A. 工程耗用原材料
  B. 工程人员工资
  C. 工程领用本企业商品的实际成本
  D. 企业行政管理部门为组织和管理生产经营活动而发生的管理费用

2. 外购固定资产入账价值包括（　　）。
  A. 买价　　　　　　　　　　　　B. 运杂费
  C. 安装调试费　　　　　　　　　D. 保险费

3. 企业已入账的固定资产，在下列情况下可以调整固定资产账面价值的有（   ）。
   A. 发现原记固定资产价值有错误　　　B. 对固定资产进行改良
   C. 将固定资产的一部分拆除　　　　　D. 根据实际价值调整原来的暂估价
   E. 对固定资产进行大修理
4. 自营工程领用本企业产品时应做的会计分录为（   ）。
   A. 借：在建工程　　　　　　　　　　B. 借：工程物资
   C. 贷：应交税费　　　　　　　　　　D. 贷：库存商品
5. 下列与企业购建一栋厂房相关的支出中，构成固定资产入账价值的有（   ）。
   A. 支付的增值税
   B. 支付的耕地占用税
   C. 自建厂房借款在工程建造过程中发生的利息
   D. 支付的建筑工人工资

（三）判断题

1. 企业接受其他单位的固定资产投资时，"固定资产"账户入账金额应考虑投资方原账面价值，但"实收资本"账户应按双方合同约定的价值入账。（   ）
2. 以一笔款项购入多项没有单独标价的固定资产，应当按照各项固定资产的账面价值比例对总成本进行分配，分别确定各项固定资产的成本。（   ）
3. 在建工程项目达到预定可使用状态前，试生产产品对外出售取得的收入应冲减工程成本。（   ）
4. 企业固定资产一经入账，其入账价值均不得做任何变动。（   ）
5. 企业采用出包方式建造固定资产时，按合同规定向建造承包商预付的款项，应在资产负债表中列示为非流动资产。（   ）
6. 在建工程达到预定可使用状态前，试运转所发生的净支出，应当计入营业外支出。（   ）

任务2　固定资产折旧的核算

（一）单项选择题

1. 甲公司某设备的账面原价为 100 000 元，预计使用年限为 5 年，预计净残值为 5 000 元，按双倍余额递减法计提折旧。该设备在第 2 年应计提的折旧额为（   ）元。
   A. 40 000　　　B. 24 000　　　C. 14 400　　　D. 6 000
2. 甲公司购入生产用设备一台，价款 30 000 元，增值税税率13%，支付运杂费 300 元、安装费 1 500 元，预计使用 8 年，净残值率为 3%。如按年数总和法折旧，则该设备第 3 年的折旧额为（   ）元。
   A. 5141　　　B. 5 974.5　　　C. 6 150　　　D. 6 000
3. 和年限平均法相比，采用年数总和法对固定资产计提折旧，将使（   ）。
   A. 计提折旧的初期，企业利润减少，固定资产原值减少
   B. 计提折旧的初期，企业利润减少，固定资产净值减少
   C. 计提折旧的后期，企业利润减少，固定资产原值减少
   D. 计提折旧的后期，企业利润减少，固定资产净值减少
4. 下列固定资产中，应计提折旧的是（   ）。
   A. 未提足折旧提前报废的房屋　　　　B. 闲置的房屋
   C. 已提足折旧继续使用的房屋　　　　D. 经营租赁租入的房屋

5. 下列设备中，不应计提固定资产折旧的是（　　）。
   A. 季节性停用的大型设备　　　　　　B. 已提足折旧仍在使用的大型设备
   C. 以融资租赁方式租入的大型设备　　D. 以经营租赁方式租出的大型设备

6. 一台机器设备原值为 80 000 元，估计净残值 8 000 元，预计可使用 12 年，按直线法计提折旧，则第 2 年应计提折旧为（　　）元。
   A. 6 600　　B. 6 000　　C. 7 000　　D. 8 000

7. 某固定资产使用年限为 5 年，在采用年数总和法计提折旧的情况下，第 1 年的年折旧率为（　　）。
   A. 20%　　B. 33%　　C. 40%　　D. 50%

8. 某固定资产原值为 250 000 元，预计净残值 6 000 元，预计可使用 8 年，按照双倍余额递减法计提折旧，第 2 年应提取的折旧为（　　）元。
   A. 46 875　　B. 45 750　　C. 61 000　　D. 30 500

9. 下列固定资产中，应计提折旧的是（　　）。
   A. 季节性停用的设备　　　　B. 当月交付使用的设备
   C. 未提足折旧提前报废的设备　　D. 已提足折旧继续使用的设备

10. 企业的下列固定资产中，按规定不应计提折旧的是（　　）。
    A. 经营性租入的设备　　　　B. 融资租入的设备
    C. 经营性租出的房屋　　　　D. 未使用的房屋

11. 企业现有固定资产原值为 960 万元，其中上月已提足折旧额仍继续使用的设备为 60 万元。采用年限平均法计提折旧，所有设备的月折旧率均为 1%。不考虑其他因素，该企业当月应计提的折旧额为（　　）万元。
    A. 9.6　　B. 9.4　　C. 9　　D. 9.2

12. 甲公司是增值税一般纳税人，20×1 年 2 月 1 日购入需要安装的设备一台，取得的增值税专用发票上注明的设备价款为 100 万元，增值税 13 万元。购买过程中，以银行存款支付运杂费等费用 13 万元（不考虑相关税费）。安装时，领用材料 6 万元，该材料负担的增值税为 0.78 万元，支付安装工人工资 13 万元。该设备于 20×1 年 3 月 30 日达到预定可使用状态。甲公司对该设备采用年限平均法计提折旧，预计使用年限为 10 年，预计净残值为零。假定不考虑其他因素，20×1 年该设备应计提的折旧额为（　　）万元。
    A. 9　　B. 9.9　　C. 11　　D. 13.2

13. 甲公司有某一生产设备，原价为 800 万元，预计净残值为 38.4 元，预计可使用 5 年，采用双倍余额递减法计提折旧。至 20×1 年 12 月 31 日，该设备已使用 3 年，账面净值为 172.8 万元，未计提固定资产减值准备。不考虑其他因素，该设备 20×1 年应计提的折旧额为（　　）万元。
    A. 86.4　　B. 67.2　　C. 53.76　　D. 69.12

14. 甲公司采用双倍余额递减法计提固定资产折旧。20×0 年 12 月购入一项固定资产，原价为 200 000 元，预计使用年限为 5 年，预计净残值为 4 000 元，不考虑其他因素，20×1 年该项固定资产应计提的折旧额为（　　）元。
    A. 80 000　　B. 65 333　　C. 39 200　　D. 78 400

（二）多项选择题

1. 下列各类机器设备，应计提折旧的有（　　）。
   A. 融资租入的机器设备　　　　B. 经营租入的机器设备
   C. 季节性停用的机器设备　　　D. 已提足折旧继续使用的机器设备

2. 影响企业某一会计期间固定资产折旧额的主要因素有（　　）。
   A. 固定资产原价
   B. 预计净残值
   C. 使用寿命
   D. 折旧方法
   E. 固定资产减值准备
3. 下列各项中，应计提固定资产折旧的有（　　）。
   A. 短期租入的设备
   B. 经营租出的办公楼
   C. 已投入使用但未办理竣工决算的厂房
   D. 已达到预定可使用状态但未投产的设备
4. 20×0 年 12 月 20 日，某企业购入一台设备，其原价为 2 000 万元，预计使用年限为 5 年，预计净残值为 5 万元，采用双倍余额递减法计提折旧，下列各项中，正确的有（　　）。
   A. 20×1 折旧额为 665 万元
   B. 应计提折旧总额为 1 995 万元
   C. 年折旧率为 33%
   D. 20×1 年折旧额为 800 万元
5. 下列各项中，关于企业固定资产折旧的会计处理，正确的有（　　）。
   A. 自行建造厂房使用自有固定资产，计提的折旧应计入在建工程成本
   B. 基本生产车间使用自有固定资产，计提的折旧应计入制造费用
   C. 经营租出的固定资产，其计提的折旧应计入管理费用
   D. 专设销售机构使用的自有固定资产，计提的折旧应计入销售费用
6. 我国会计实务中，允许的加速折旧方法包括（　　）。
   A. 年限平均法
   D. 工作量法
   C. 双倍余额递减法
   D. 年数总和法
7. 计提固定资产折旧时，始终考虑固定资产净残值的折旧方法有（　　）。
   A. 年限平均法
   D. 工作量法
   C. 双倍余额递减法
   D. 年数总和法
   E. 计划成本法

（三）判断题

1. 已达到预定可使用状态按暂估价值确定成本的固定资产，在办理竣工决算后，应按实际成本调整原来的暂估价值，但不需调整原已计提的折旧额。（　　）
2. 已达到预定可使用状态但在年度内尚未办理竣工决算手续的固定资产，应按暂估价值入账，并计提折旧，办理竣工决算手续后，如果与原暂估入账的金额不等，需要调整固定资产科目的金额，但无须调整已经计提的累计折旧金额。（　　）
3. 企业对经营租入的固定资产和融资租入的固定资产均应按照自有资产对其计提折旧。（　　）
4. 固定资产提足折旧后，不论能否继续使用，均不再计提折旧；提前报废的固定资产，也不再补提折旧。（　　）
5. 用工作量法计提折旧的特点是每年提取的折旧额相等。（　　）
6. 企业一般应当按月计提折旧，当月增加的固定资产，当月计提折旧；当月减少的固定资产，当月不计提折旧。（　　）

任务 3　固定资产后续支出的核算

（一）单项选择题

1. 甲企业为延长 A 设备的使用寿命，3 月份对其进行改良，并于当月完工，改良时发

生相关支出共计20万元，估计能使甲设备延长使用寿命2年。根据3月末的账面记录，A设备的原账面价值为120万元，已计提折旧57万元，未计提减值准备。则该企业3月份可以予以资本化的甲设备后续支出为（　　）万元。

　　A. 0　　　　　　B. 15　　　　　　C. 18　　　　　　D. 20

2. 甲公司对一幢办公楼进行更新改造，该办公楼原值为1 000万元，已计提折旧500万元。更新改造过程中发生支出600万元，被替换部分原账面价值为100万元，出售价款为2万元。不考虑相关税费，则新办公楼的入账价值为（　　）万元。

　　A. 1 100　　　　B. 1 050　　　　C. 1 048　　　　D. 1 052

3. 甲公司对生产设备进行改良，发生资本化支出共计45万元，被替换旧部件的账面价值为10万元，该设备原价为500万元，已计提折旧300万元。不考虑其他因素，该设备改良后的入账价值为（　　）万元。

　　A. 245　　　　　B. 235　　　　　C. 200　　　　　D. 190

4. 甲公司有一项需日常修理的固定资产，该项固定资产原账面价值为2 000万元，采用年限平均法计提折旧，预计使用寿命为10年，预计净残值为0。在第4个折旧年度末，甲公司对该项固定资产的某一主要部件进行更换，发生支出合计1 000万元，符合企业会计准则规定的固定资产确认条件。被更换部件的账面原价为800万元，出售取得变价收入1万元。该项固定资产更新改造后的入账价值为（　　）万元。

　　A. 2 200　　　　B. 1 720　　　　C. 1 200　　　　D. 2 199

（二）多项选择题

1. 固定资产的后续支出可能记入的科目有（　　）。

　　A. 管理费用　　　B. 在建工程　　　C. 销售费用　　　D. 财务费用

2. 固定资产的后续支出，包括（　　）。

　　A. 更新改造支出　　　　　　　　　B. 修理费
　　C. 折旧费　　　　　　　　　　　　D. 安装费

3. 下列业务应通过"在建工程"科目核算的是（　　）。

　　A. 购入需要安装的固定资产　　　　B. 改扩建的固定资产
　　C. 日常修理的固定资产　　　　　　D. 自营建造的固定资产

（三）判断题

1. 企业对固定资产进行更新改造时，应将该固定资产账面价值转入在建工程，并用被替换部件的变价收入冲减在建工程。（　　）

2. 企业生产车间发生的固定资产日常修理费用应确认为制造费用。（　　）

3. 不满足固定资产确认条件的固定资产修理费用等，称为费用化后续支出，应当在发生时计入当期损益。（　　）

4. 改扩建工程完工达到预定可使用状态后，应按重新确定的固定资产原价、使用寿命、预计净残值和折旧方法计提折旧。（　　）

5. 企业生产车间发生的固定资产费用化后续支出应计入制造费用。（　　）

任务4　固定资产处置的核算

（一）单项选择题

1. 企业的固定资产进行处置时，一般应先通过（　　）会计科目进行核算。

　　A. 待处理财产损溢　　　　　　　　B. 固定资产清理
　　C. 管理费用　　　　　　　　　　　D. 营业外支出

2. 某企业出售一台旧设备，原价为 23 万元，已计提折旧 5 万元。出售该设备开具的增值税专用发票上注明的价款为 20 万元，增值税为 2.6 万元，发生的清理费用为 1.5 万元，不考虑其他因素，该企业出售这台设备应确认的净收益为（　　）万元。

  A. -2.9   B. 0.5   C. 20   D. 2

3. 某企业处置一项固定资产，收回的价款为 80 万元，该资产原价为 100 万元，已计提折旧 60 万元，计提减值准备 5 万元，处置该项固定资产发生清理费用 5 万元。不考虑其他因素，处置该项固定资产对当期利润总额的影响金额为（　　）万元。

  A. 40   B. 80   C. 50   D. 35

（二）多项选择题

1. 下列各项中，应通过"固定资产清理"科目核算的有（　　）。

  A. 固定资产盘亏的账面价值
  B. 固定资产更新改造支出
  C. 固定资产毁损净损失
  D. 固定资产出售的账面价值

2. 下列各项中，影响固定资产清理净损益的有（　　）。

  A. 清理固定资产发生的清理费用   B. 清理固定资产的变价收入
  C. 清理固定资产的账面价值   D. 清理固定资产耗用的材料成本

3. 下列各项中，可以计入当期损益的是（　　）。

  A. 与固定资产有关的后续支出
  B. 购买固定资产实际支付的价款与购买价款现值之间的差额
  C. 固定资产按月计提的折旧
  D. 固定资产盘亏造成的损失

4. 企业在生产经营期间对报废的固定资产进行会计处理时，发生的净损益应记入（　　）科目。

  A. 营业外收入   B. 其他业务收入
  C. 管理费用   D. 营业外支出
  E. 其他业务成本

5. 确定固定资产处置损益时，应考虑的因素有（　　）。

  A. 固定资产原价   B. 增值税
  C. 土地增值税   D. 清理人工费用

6. 下列各项中，应通过"固定资产清理"科目核算的有（　　）。

  A. 固定资产报废   B. 固定资产出售
  C. 固定资产扩建   D. 固定资产对外投资
  E. 固定资产盘亏

（三）判断题

1. 企业报废的固定资产清理完毕，应将"固定资产清理"科目的余额转入"资产处置损益"科目。（　　）

2. 企业因经营业务调整出售固定资产而发生的处置净损失，应记入"营业外支出"科目。（　　）

3. 固定资产清理净收益，属于生产经营期间的，贷记"其他业务收入"科目。（　　）

4. 固定资产清理过程中，应由保险公司或过失人赔偿的损失，应冲减清理支出。（　　）

5. 固定资产清理结束后，若"固定资产清理"科目结转前为贷方余额，表明企业有清理净收益。（　　）

任务 5　固定资产清查与期末计价

（一）单项选择题

1. 下列各项中，企业通过"待处理财产损溢"科目核算的业务是（　　）。
　　A. 固定资产报废　　　　　　　　B. 固定资产减值
　　C. 固定资产盘盈　　　　　　　　D. 固定资产盘亏

2. 下列各项中，按管理权限报经批准后计入营业外支出的是（　　）。
　　A. 因管理不善造成的原材料盘亏　　B. 固定资产盘亏净损失
　　C. 无法查明原因的现金短缺　　　　D. 由过失人赔付的库存商品毁损

3. 20×1 年 12 月 31 日，丁公司的某生产线存在可能发生减值的迹象。经计算，该生产线的可收回金额为 200 万元，账面原价为 400 万元，已计提折旧 120 万元，以前年度未对该生产线计提减值准备。该固定资产 20×1 年 12 月 31 日应计提的减值准备金额为（　　）万元。
　　A. 80　　　　　　B. 200　　　　　　C. 0　　　　　　D. 120

（二）多项选择题

1. 某公司年末固定资产清查时发现上年购入的一台设备未入账，其重置成本为 10 000 元，该公司按净利润的 10% 提取法定盈余公积。不考虑其他因素，下列各项中，关于该设备盘盈的会计处理，错误的有（　　）。

　　A. 借：以前年度损益调整　　　　　　　　　　　　　　10 000
　　　　　贷：盈余公积——法定盈余公积　　　　　　　　　　1 000
　　　　　　　利润分配——未分配利润　　　　　　　　　　　9 000
　　B. 借：待处理财产损溢　　　　　　　　　　　　　　　10 000
　　　　　贷：营业外收入　　　　　　　　　　　　　　　　10 000
　　C. 借：固定资产　　　　　　　　　　　　　　　　　　10 000
　　　　　贷：以前年度损益调整　　　　　　　　　　　　　10 000
　　D. 借：固定资产　　　　　　　　　　　　　　　　　　10 000
　　　　　贷：待处理财产损溢　　　　　　　　　　　　　　10 000

2. 下列各项中，会导致企业固定资产账面价值减少的事项有（　　）。
　　A. 计提固定资产折旧　　　　　　B. 提前报废固定资产
　　C. 盘亏固定资产　　　　　　　　D. 确认固定资产减值损失

（三）判断题

1. 确认减值后的固定资产折旧费应当在未来期间做相应调整，以使固定资产在剩余使用寿命内，系统分摊调整后的固定资产账面价值。（　　）

2. 固定资产可回收金额，是根据资产的公允价值减去处置费用后的净额与资产预计未来现金流量的现值，两者之间较低者确定。（　　）

3. 固定资产可回收金额低于其账面价值的差额为资产减值损失，计入当期损益。（　　）

二、技能考核

 任务单

任务 1

项目名称	任务内容清单
任务情境	甲公司自行建造一座仓库，购入为工程准备的各种物资 200 000 元，支付的增值税为 26 000 元，实际领用工程物资 180 000 元，剩余物资转作企业存货；另外还领用了企业生产用原材料一批，实际成本为 30 000 元；分配工程人员工资 50 000 元，企业辅助生产车间为工程提供有关劳务支出 10 000 元，工程完工，交付使用。
任务目标	掌握自行建造固定资产业务的核算方法。
任务要求	请你根据任务情境，学习自行建造固定资产业务的核算方法，完成上述业务的会计处理。
任务思考	

任务 2

项目名称	任务内容清单
任务情境	甲企业 5 月 5 日对一生产线进行改扩建，改扩建前该生产线的原价为 900 万元，已计提折旧 200 万元，已计提减值准备 50 万元。在改扩建过程中领用工程物资价值 300 万元，领用生产用原材料价值 50 万元。发生改扩建人员工资 80 万元，用银行存款支付其他费用 61.5 万元。该生产线于 12 月 20 日达到预定可使用状态，该企业对改扩建后的固定资产采用年限平均法计提折旧，预计尚可使用年限为 10 年，预计净残值为 50 万元。
任务目标	掌握改扩建固定资产业务的核算方法。
任务要求	请你根据任务情境，学习改扩建固定资产业务的核算方法，完成上述业务的会计处理。
任务思考	

任务3

项目名称	任务内容清单
任务情境	甲企业出售房屋一幢，账面原价 500 000 元，已计提折旧 140 000 元，出售时以银行存款支付发生的清理费用 600 元，出售价款为 320 000 元。
任务目标	掌握固定资产出售业务的核算方法。
任务要求	请你根据任务情境，学习固定资产出售业务的核算办法，完成上述业务的会计处理。
任务思考	

项目四 固定资产业务核算 53

亮闪闪

实训目标:掌握固定资产的账务处理。
实训组织:根据固定资产业务的相关票据,填写记账凭证。
实训成果:各组展示,教师讲评。
实训资料:有关资料详如图 4-1~图 4-5 所示。

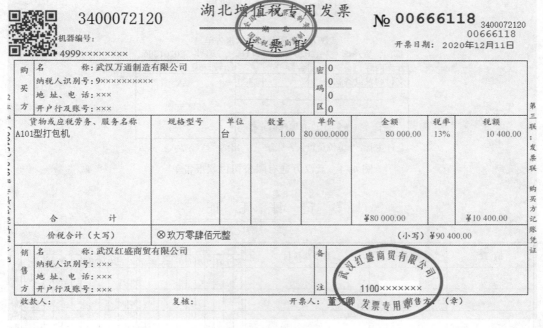

图 4-1 专用发票

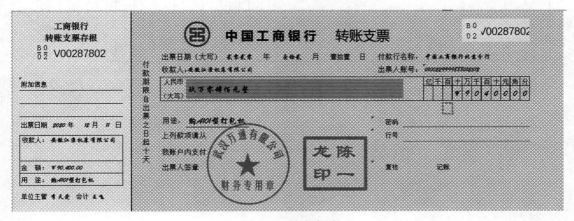

图 4-2 转账支票

固定资产验收单
2020年12月11日

名称	型号	规格	单位	数量	价格	预计使用年限	使用部门
江淮打包机	A101		台	1	80 000	10	业务部
备注	外购固定资产						

负责人：陈敏　　　　　　审核：高云　　　　　　验收：夏天

图 4-3　固定资产验收单

武汉万通有限公司付款报告单

部门：资产部　　2020年12月11日　　编号：20201206

开支内容	金额	结转方式
支付购置设备款	90 400	转账支票

合计：（大写）玖万零肆佰元整

会计主管：　　单位负责人：张敏　　出纳：　　经办人：陈云

图 4-4　武汉万通有限公司付款报告单

记 账 凭 证

字第　号

年　月　日

摘 要	总账科目	明细账科目	借方金额 亿千百十万千百十元角分	贷方金额 亿千百十万千百十元角分	√
合　　　　计					

附单据　张

会计主管：　　记账：　　出纳：　　复核：　　制单：

图 4-5　记账凭证

考考你

基本信息	姓名		学号		班级		组别		备注	
	规定时间		完成时间		考核日期		总评成绩			

1. 下列不能在"固定资产"账户核算的有（　　）。
   A. 购入正在安装的设备　　　　　　B. 经营性租入的设备
   C. 融资租入的不需安装的设备　　　D. 购入的不需安装的设备
2. 企业生产车间发生的不可资本化的后续支出，比如发生的固定资产日常修理费用，发生时应借记（　　）科目。
   A. 管理费用　　　B. 制造费用　　　C. 生产成本　　　D. 在建工程
3. 甲企业对一项原值为 300 万元、已计提折旧 150 万元的固定资产进行改建，发生改建支出 195 万元，取得变价收入 45 万元。则改建后该固定资产的入账价值是（　　）万元。
   A. 300　　　　　B. 435　　　　　C. 330　　　　　D. 450
4. 甲公司报废一台生产设备，原值为 30 万元，已计提折旧 23 万元，责成有关人员赔偿 3 万元，收回变价收入 2 万元，则该设备的报废净损失（　　）万元。
   A. 7　　　　　　B. 12　　　　　C. 2　　　　　　D. 6
5. 出包工程时，企业应将支付给建造承包商的工程价款作为工程成本，该成本通过（　　）账户核算。
   A. 工程物资　　　B. 在建工程　　　C. 固定资产　　　D. 应付账款
6. 企业盘亏的固定资产，经批准转销时记入（　　）科目。
   A. 其他业务成本　　　　　　　　　B. 营业外支出
   C. 资本公积　　　　　　　　　　　D. 管理费用
7. 固定资产的后续支出可能记入的科目有（　　）。
   A. 管理费用　　　　　　　　　　　B. 在建工程
   C. 销售费用　　　　　　　　　　　D. 财务费用
8. 下列各项，应通过"固定资产清理"科目核算的有（　　）。
   A. 盘亏的固定资产　　　　　　　　B. 出售的固定资产
   C. 报废的固定资产　　　　　　　　D. 毁损的固定资产
9. 下列各项在"固定资产清理"账户借方登记的是（　　）。
   A. 转入清理的固定资产净值
   B. 转入清理的固定资产原值
   C. 发生的清理费用
   D. 由保险公司或过失人承担的损失
10. 下列各项中，引起固定资产账面价值发生增减变化的有（　　）。
    A. 对固定资产计提减值准备　　　　B. 发生固定资产修理支出
    C. 发生固定资产改良支出　　　　　D. 对固定资产计提折旧

帮帮我

项目五　无形资产业务核算

【思政学习心得】

_____

_____

【本项目思维导图】

【学习评价】

一、理论考核

（一）单项选择题

1. 下列项目中，应确认为无形资产的是（　　　）。
   A. 企业自创商誉
   B. 企业内部产生的品牌
   C. 企业内部研究开发项目研究阶段的支出
   D. 企业购入的专利权
2. 企业出租无形资产所取得的收入，记入（　　）科目。
   A. 营业外收入　　　B. 投资收益　　　C. 其他业务收入　　　D. 主营业务收入
3. 企业自行开发无形资产，在研究开发过程中发生的各种费用，记入（　　）科目。
   A. 管理费用　　　B. 无形资产　　　C. 研发支出　　　D. 营业外支出
4. 无形资产在确认后发生的支出，应当在发生时计入（　　）。
   A. 在建工程　　　B. 无形资产　　　C. 当期损益　　　D. 营业外支出
5. 企业根据有关规定申请取得土地使用权支付的土地出让金，作为（　　）处理。
   A. 当期费用　　　B. 无形资产　　　C. 生产成本　　　D. 投资成本
6. 企业自行开发并按法定程序申请取得的无形资产，按依法取得时发生的注册费、律师费，记入（　　）科目。

A. 无形资产　　　B. 营业外支出　　　C. 管理费用　　　D. 其他业务支出

7. 企业出售无形资产所取得的净收益，应记入（　　）科目。

A. 其他业务收入　　　B. 营业外收入
C. 投资收益　　　D. 主营业务收入

8. 无形资产预期不能给企业带来经济利益时，应将其账面价值记入（　　）科目。

A. 营业外支出　　　B. 其他业务成本
C. 管理费用　　　D. 投资收益

9. 关于企业内部研究开发项目的支出，下列说法中错误的是（　　）。

A. 企业内部研究开发项目的支出，应当区分研究阶段支出与开发阶段支出

B. 企业内部研究开发项目研究阶段的支出，应当于发生时计入当期损益

C. 企业内部研究开发项目开发阶段的支出，应确认为无形资产

D. 企业内部研究开发项目开发阶段的支出，可能确认为无形资产，也可能确认为费用

10. 甲公司出售所拥有的一项无形资产，取得收入300万元。该无形资产取得时实际成本为400万元，已摊销120万元，已计提减值准备50万元。甲公司出售该项无形资产应计入当期损益的金额为（　　）万元。

A. -100　　　B. -20　　　C. 700　　　D. 55

11. 无形资产是指企业拥有或控制的没有实物形态的可辨认非货币性资产。无形资产不包括的内容有（　　）。

A. 专利权　　　B. 非专利技术　　　C. 土地使用权　　　D. 商誉

12. 甲企业自行研究开发一项新产品专利技术，在研究开发过程中发生材料费3 000万元、职工薪酬1 000万元以及其他费用4 000万元，总计8 000万元，其中，符合资本化条件的支出为5 000万元，期末，该项专利技术已经达到预定用途。则无形资产的入账成本为（　　）万元。

A. 5 000　　　B. 8 000　　　C. 0　　　D. 4 000

（二）多项选择题

1. 关于无形资产的确认，应同时满足的条件有（　　）。

A. 必须是外购的
B. 应符合无形资产的定义
C. 与该无形资产有关的经济利益很可能流入企业
D. 该无形资产的成本能够可靠地计量

2. 关于无形资产的初始计量，下列说法中正确的是（　　）。

A. 外购无形资产的成本，包括购买价款、相关税费以及直接归属于使该项资产达到预定用途所发生的其他支出

B. 购入无形资产超过正常信用条件延期支付价款，实质上具有融资性质的，应按所购无形资产购买价款总额入账

C. 投资者投入无形资产的成本，应当按照投资合同或协议约定的价值确定，但合同或协议约定价值不公允的除外

D. 自行开发的无形资产，其成本包括自满足无形资产确认条件后至达到预定用途前所发生的支出总额，但对于以前期间已经费用化的支出不再进行调整

3. 下列事项中，符合现行会计制度规定的是（　　）。
   A. 购入的无形资产按实际支付的价款作为实际成本
   B. 投资者投资转入的无形资产按投资各方确定的价值（价值公允）作为其实际成本
   C. 自创的无形资产按其在研发过程中发生的实际支出作为其初始成本
   D. 无形资产在确认后发生的支出计入当期损益
4. 下列各项中，会引起无形资产账面价值发生增减变动的有（　　）。
   A. 对无形资产计提减值准备　　　　B. 发生无形资产后续支出
   C. 摊销无形资产成本　　　　　　　D. 转让无形资产所有权
5. 下列关于无形资产研发支出的说法，正确的有（　　）。
   A. 企业内部研究开发项目研究阶段的支出，应该计入无形资产的成本
   B. 企业内部研究开发项目研究阶段的支出，应该记入"研发支出"科目，于期末转入"管理费用"科目
   C. 企业内部研究开发项目开发阶段的支出，符合资本化条件时可以资本化
   D. 符合资本化条件但尚未完成的开发费用，期末应保留在"研发支出"科目中
6. 下列关于无形资产处置的说法中，正确的有（　　）。
   A. 无形资产预期不能为企业带来经济利益的，应将该无形资产的账面价值予以转销，其账面价值转作当期营业外支出
   B. 企业出售无形资产，应将所取得的价款与该无形资产账面价值的差额计入当期损益
   C. 无形资产预期不能为企业带来经济利益的，应按原预定方法和使用寿命摊销
   D. 企业出租无形资产获得的租金收入应通过"其他业务收入"科目核算
   E. 企业出售无形资产发生的净损益通过"营业外收入"或"营业外支出"科目核算
7. 下列有关无形资产的会计处理中，不正确的是（　　）。
   A. 转让无形资产使用权所取得的收入应计入营业外收入
   B. 使用寿命不确定的无形资产，不应摊销
   C. 转让无形资产所有权所发生的支出应计入其他业务成本
   D. 购入但尚未投入使用、使用寿命确定的无形资产的价值不应进行摊销
8. 下列有关无形资产的后续计量，说法不正确的是（　　）。
   A. 使用寿命不确定的无形资产应按 10 年的期限进行摊销
   B. 无形资产必须采用直线法进行摊销
   C. 使用寿命确定的无形资产应该按照系统合理的方法进行摊销
   D. 企业无形资产的摊销方法应当反映与该无形资产有关的经济利益的预期实现方式

（三）判断题
1. 企业开发阶段发生的支出应全部资本化，计入无形资产成本。（　　）
2. 企业取得的使用寿命有限的无形资产均应按直线法摊销。（　　）
3. 企业内部开发无形资产的成本仅包括在满足资本化的时点至无形资产达到预定用途前发生的支出总和，对于同一项无形资产在开发过程中达到资本化条件之前已经费用化计入当期损益的支出应该进行调整。（　　）
4. 企业自行开发无形资产的研发支出，无论是否满足资本化条件，均应先在"研发支出"账户中归集。（　　）
5. 企业出售无形资产，应将所取得的价款与该无形资产账面价值之间的差额计入当期的其他业务利润。（　　）

二、技能考核

任务单

项目名称	任务内容清单
任务情境	甲企业自20×0年1月1日开始自行研究开发一项新产品专利技术，20×1年10月该项专利技术获得成功，达到预定用途。20×0年在研究开发过程中发生材料费400万元、人工工资80万元以及支付的其他费用50万元，共计530万元，其中，符合资本化条件的支出为380万元；20×1年在研究开发过程中发生材料费180万元、人工工资60万元以及支付的其他费用40万元，共计280万元，其中符合资本化条件的支出为250万元。
任务目标	掌握企业自行研发无形资产业务的核算方法。
任务要求	请你根据任务情境，学习企业自行研发无形资产业务的核算方法，完成上述业务的会计处理。
任务思考	

亮闪闪

实训目标：掌握外购无形资产业务的核算方法。

实训组织：学生分组讨论问题。

实训成果：各组展示，教师讲评。

实训资料：12 月 3 日，武汉万通制造有限公司购入南方公司一项价值为 30 万（不含增值税）的专利权，通过转账支票支付，有关资料如图 5-1～图 5-4 所示。

中国工商银行　转账支票　B0 02 211×××××

付款期限自出票之日起十天

出票日期（大写）贰零贰零 年 壹拾贰月 月 零叁 日　付款行名称：

收款人：南方公司　出票人账号：

人民币（大写）	亿	千	百	十	万	千	百	十	元	角	分
叁拾壹万捌仟元整			¥	3	1	8	0	0	0	0	0

用途：购买无形资产　密码

上列款项请从我账户内支付　行号

出票人签章　复核　记账

武汉万通制造有限公司 财务专用章

陈一龙印

图 5-1　转账支票

工商银行

转账支票存根

B0 02 211XXXXX

附加信息

出票日期 2020 年 12 月 03 日

收款人：南方公司

金　额：¥318000.00

用　途：购买无形资产

单位主管　会计

图 5-2　转账支票存根

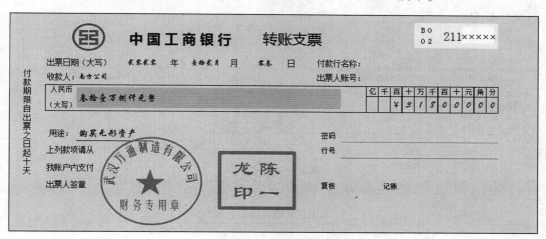

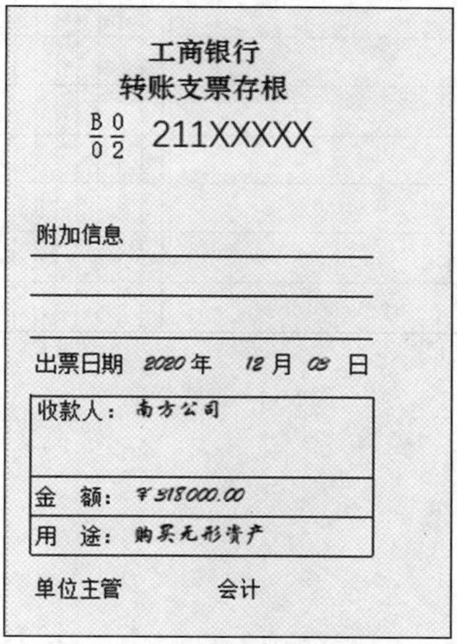

图5-3 专用发票

湖北增值税专用发票 № 423×××××

机器编号：1100××××××
4999××××××××
开票日期：2020年12月3日
1100××××××
423×××××

购买方		
名　称：	武汉万通制造有限公司	
纳税人识别号：	9××××××××××	
地　址、电　话：	×××	
开户行及账号：	×××	

密码区：0000

货物或应税劳务、服务名称	规格型号	单位	数量	单价	金额	税率	税额
*无形资产*专利权			1.00	300 000.0000	300 000.0	6%	18 000.00
合　计					¥300 000.00		¥18 000.00

价税合计（大写）：叁拾壹万捌仟元整　　（小写）¥318 000.00

销售方	
名　称：	南方公司
纳税人识别号：	×××
地　址、电　话：	×××
开户行及账号：	×××

备注：南方公司 1100×××××× 发票专用章（章）

收款人：　　　复核：　　　开票人：

图5-3　专用发票

图5-4 记账凭证

记　账　凭　证　　　字第　　号

年　月　日

摘　要	总账科目	明细账科目	借方金额 亿千百十万千百十元角分	贷方金额 亿千百十万千百十元角分	√
合　计					

会计主管：　　　记账：　　　出纳：　　　复核：　　　制单：

图5-4　记账凭证

考考你

基本信息	姓名		学号		班级		组别		备注	
	规定时间		完成时间		考核日期		总评成绩			

1. 甲公司内部研究开发一项专利技术项目，在研究阶段的支出，实际发生有关研究费用 60 万元。在开发阶段的支出，包括实际发生材料费用 100 万元，参与研究的人员薪酬 50 万元，假定符合资本化条件。依法申请注册取得专利权，发生注册费 3 万元，律师费 7 万元，则该无形资产的入账价值应为（　　）万元。

　　A. 160　　　　　　B. 210　　　　　　C. 70　　　　　　D. 10

2. 企业购入或支付土地出让金取得的土地使用权，在开发或建造自用固定资产项目后，在（　　）科目核算。

　　A. 固定资产　　　　　　　　　　　B. 在建工程
　　C. 无形资产　　　　　　　　　　　D. 长期待摊费用

3. 企业出售无形资产发生的净损失应计入（　　）。

　　A. 其他业务成本　　　　　　　　　B. 主营业务成本
　　C. 投资收益　　　　　　　　　　　D. 营业外支出

4. 无形资产预期不能为企业带来经济利益的，应按已计提的累计摊销，借记"累计摊销"科目，原已计提减值准备的，借记"无形资产减值准备"科目，按其账面余额，贷记"无形资产"科目，按其差额，借记（　　）科目。

　　A. 营业外支出　　　　　　　　　　B. 管理费用
　　C. 投资收益　　　　　　　　　　　D. 营业外收入

5. 甲公司 2 月购买一项专利技术，未支付价款；3 月支付全部价款；4 月开始进行该项专利技术的测试，5 月完成该项专利技术测试任务，使其达到能够按管理层预定的方式运作所必须的状态。则无形资产的摊销期开始的月份为（　　）。

　　A. 2 月　　　　　　B. 3 月　　　　　　C. 4 月　　　　　　D. 5 月

6. "研发支出"科目核算企业进行研究与开发无形资产过程中发生的各项支出，其正确的表述方法是（　　）。

　　A. 本科目应当按照研究开发项目，分别"费用化支出"与"资本化支出"科目进行明细核算

　　B. 企业自行开发无形资产发生的研发支出，不满足资本化条件的，借记"研发支出——费用化支出"科目，满足资本化条件的，借记"研发支出——资本化支出"科目

　　C. 企业以其他方式取得的正在进行中的研究开发项目，应按确定的金额，借记"研发支出——资本化支出"科目

　　D. 期末，企业应将该科目归集的费用化支出金额，借记"管理费用"科目，贷记"研发支出——资本化支出"科目

　　E. 研究开发项目达到预定用途形成无形资产的，应按"研发支出——资本化支出"的余额，借记"无形资产"科目，贷记"研发支出——资本化支出"科目

7. 企业有关土地使用权正确的会计处理方法是（　　）。
   A. 企业取得的土地使用权通常应确认为无形资产
   B. 土地使用权用于自行开发建造厂房等地上建筑物时，相关的土地使用权应当计入所建造的厂房建筑物成本
   C. 房地产开发企业取得的土地使用权用于建造对外出售的房屋建筑物，土地使用权与地上建筑物分别进行摊销和计提折旧
   D. 企业外购的房屋建筑物支付的价款无法在地上建筑物与土地使用权之间分配的，应当按照《企业会计准则第 4 号——固定资产》的规定，确认为固定资产原价
   E. 企业改变土地使用权的用途，将其作为用于出租或增值目的时，应将其账面价值转为投资性房地产

8. 下列经济业务不应通过"无形资产"科目核算的有（　　）。
   A. 购入一项专利权和相关设备，而专利权相对价值较小
   B. 企业合并成本大于合并取得被购买方各项可辨认资产、负债公允价值份额差额形成的商誉
   C. 企业经划拨无偿取得的土地使用权
   D. 购入计算机公司为客户开发的软件

9. 下列有关无形资产会计处理的表述中，正确的是（　　）。
   A. 企业出售无形资产，应当将取得的价款与该无形资产账面价值的差额计入当期损益
   B. 无形资产预期不能为企业带来经济利益的，应当将该无形资产的账面价值计入管理费用
   C. 企业摊销无形资产，应当自无形资产可供使用时起至不再作为无形资产确认时止
   D. 只有很可能为企业带来经济利益且其成本能够可靠计量的无形资产才能予以确认
   E. 无论使用寿命确定还是不确定的无形资产，均应按期摊销

10. 下列有关无形资产摊销的核算处理，不正确的有（　　）。
    A. 企业对使用寿命有限的无形资产进行摊销，摊销金额一般应当计入当期损益，同时贷记"累计摊销"科目
    B. 企业对使用寿命有限的无形资产进行摊销，摊销金额一般应当计入当期损益，同时贷记"无形资产"科目
    C. 企业对无形资产摊销，只能采用直线法摊销，不允许采用其他方法摊销
    D. 使用寿命有限的无形资产，其残值一定为零
    E. 某项无形资产包含的经济利益通过所生产的产品或其他资产实现的，其摊销金额应当计入相关资产的成本

帮帮我

_____
_____
_____
_____
_____

项目六　金融资产业务核算

【思政学习心得】

_____

_____

_____

【本项目思维导图】

【学习评价】

一、理论考核

（一）单项选择题

1. 下列金融资产中，应按公允价值进行初始计量，且其交易费用不计入初始入账价值的是（　　）。
  A. 交易性金融资产　　　　　　B. 应收票据
  C. 应收款项　　　　　　　　　D. 应收利息

2. 企业购入一项交易性金融资产，支付的价款为 103 万元，其中包含已到期尚未领取的利息 3 万元，另支付交易费用 2 万元。该项交易性金融资产的入账价值为（　　）万元。
  A. 103　　　　B. 100　　　　C. 102　　　　D. 105

3. 根据《企业会计准则第 22 号——金融工具确认和计量》的规定，关于下列交易性金融资产的后续计量表述中，正确的是（　　）。
  A. 按照摊余成本进行后续计量
  B. 按照公允价值进行后续计量，公允价值变动计入当期投资收益
  C. 按照公允价值进行后续计量，变动计入资本公积
  D. 按照公允价值进行后续计量，公允价值变动计入当期公允价值变动损益

4. 企业出售交易性金融资产时，应按实际收到的金额，借记"银行存款"科目，按该

金融资产的成本，贷记"交易性金融资产（成本）"科目，按该交易性金融资产的公允价值变动，贷记或借记"交易性金融资产（公允价值变动）"科目，按其差额，贷记或借记（   ）。

  A. "公允价值变动损益"科目   B. "资本公积"科目
  C. "投资收益"科目   D. "营业外收入"科目

5. 持有交易性金融资产期间被投资单位宣告发放现金股利或在资产负债表日按债券票面利率计算利息时，借记"应收股利"或"应收利息"科目，贷记（   ）科目。

  A. 交易性金融资产   B. 资本公积
  C. 公允价值变动损益   D. 投资收益

6. 甲股份有限公司于2月20日以每股6元（包含已宣告尚未发放的现金股利0.25元）的价格购入某上市公司股票25万股，作为交易性金融资产核算。购买该股票支付手续费5万元。5月25日，收到该上市公司按每股0.25元发放的现金股利。12月31日该股票的市价为每股5.5元，12月31日该股票投资的账面价值为（   ）万元。

  A. 125   B. 137.5
  C. 150   D. 143.75

7. 对于以公允价值计量且其变动计入当期损益的金融资产，下列有关业务中，应贷记"投资收益"科目的是（   ）。

  A. 企业转让交易性金融资产时对持有期间累计产生的公允价值变动损失的处理
  B. 企业收到的包含在买价中已到期但尚未领取的利息
  C. 资产负债表日，持有的股票公允价值大于其账面价值
  D. 企业持有期间获得的现金股利

8. 关于交易性金融资产的计量，下列说法中正确的是（   ）。

  A. 取得交易性金融资产时，要按取得的公允价值和相关交易费用之和作为初始确认金额
  B. 应当按取得该金融资产的公允价值作为初始确认金额，相关交易费用发生时计入投资收益
  C. 资产负债表日，交易性金融资产的公允价值变动计入当期所有者权益
  D. 处置该金融资产时，其公允价值与初始入账金额之间的差额应确认为投资收益，不调整公允价值变动损益

（二）**多项选择题**

1. 下列各项中，不应计入交易性金融资产入账价值的有（   ）。

  A. 支付的手续费
  B. 支付的印花税
  C. 取得时交易性金融资产的公允价值
  D. 已宣告但尚未发放的现金股利

2. 下列各项中，属于金融资产的有（   ）。

  A. 现金
  B. 持有的其他单位的权益工具
  C. 持有的其他单位的债务工具
  D. 从其他单位收取现金的合同权利
  E. 企业发行的认股权证

（三）判断题

1. 取得交易性金融资产时支付的交易费用，应计入交易性金融资产的初始入账成本。（　　）

2. 交易性金融资产持有期间被投资单位宣告发放的现金股利，或在资产负债表日按分期付息、一次还本债券投资的票面利率计算的利息，应该冲减交易性金融资产的成本。（　　）

3. 收到购买交易性金融资产时支付的价款中包含的已到付息期但尚未领取的利息，应计入当期损益。（　　）

二、技能考核

 任务单

任务1

项目名称	任务内容清单
任务情境	某股份有限公司20×1年有关交易性金融资产的资料如下： （1）3月9日以银行存款购入大华公司股票10 000股，并准备随时变现，每股买价16元，同时支付相关税费1 000元。 （2）4月20日大华公司宣告发放现金股利，每股0.4元。 （3）4月21日又购入大华公司股票50 000股，并准备随时变现，每股买价18.4元（其中包含已宣告发放但尚未收取的现金股利，每股0.4元），同时支付相关税费6 000元。 （4）4月25日收到大华公司发放的现金股利20 000元。 （5）6月30日大华公司股票市价为每股16.4元。 （6）7月18日该公司以每股17.5元的价格转让大华公司股票30 000股，扣除相关税费10 000元，实得金额为515 000元。 （7）12月31日大华公司股票市价为每股18元。 要求：根据上述经济业务编制有关会计分录。
任务目标	掌握交易性金融资产业务的核算方法。
任务要求	请你根据任务情境，学习交易性金融资产业务的核算方法，完成上述业务的会计处理。
任务思考	

任务 2

项目名称	任务内容清单
任务情境	甲企业是上市公司，按季对外提供中期财务报表，按季计提利息。20×1 年有关业务如下： （1）1 月 5 日，甲企业以赚取差价为目的从二级市场购入一批债券作为交易性金融资产，面值总额为 2 000 万元，票面利率为 6%，3 年期，每半年付息一次，该债券发行日为 20×0 年 1 月 1 日。取得时支付的价款为 2 060 万元，含已到付息期但尚未领取的 20×0 年下半年的利息 60 万元，另支付交易费用 40 万元，全部价款以银行存款支付。 （2）1 月 15 日，收到 20×0 年下半年的利息 60 万元。 （3）3 月 31 日，该债券公允价值为 2 200 万元。 （4）3 月 31 日，按债券票面利率计算利息。 （5）6 月 30 日，该债券公允价值为 1 960 万元。 （6）6 月 30 日，按债券票面利率计算利息。 （7）7 月 15 日，收到 20×1 年上半年的利息 60 万元。 （8）8 月 15 日，将该债券全部处置，实际收到价款 2 400 万元。 要求：根据以上业务编制有关交易性金融资产的会计分录。
任务目标	掌握交易性金融资产业务的核算方法。
任务要求	请你根据任务情境，学习交易性金融资产业务的核算方法，完成上述业务的会计处理。
任务思考	

亮闪闪

业务 1

实训目标：掌握交易性金融资产业务的核算方法。
实训组织：学生分组讨论问题。
实训成果：各组展示，教师讲评。
实训资料：12 月 2 日，武汉万通制造有限公司购入南方公司发行的股票（每股价格中包含已宣告但尚未发放的现金股利 0.50 元），如图 6-1 所示，该公司将其划分为交易性金融资产，且持有该公司股权后对其无重大影响。请根据背景资料编制购买股票时的记账凭证，如图 6-2 所示。

证券交易对账单

客户编号：6600202X
姓名：武汉万通制造有限公司
对账日期：12.2
资金信息：

币种	资金余额	可用金额	可取现金	资产总值
人民币	700 000.00	700 000.00	700 000.00	5 950 000.00

流水明细：

日期	币种	业务标志	证券名称	证券代码	发生数量	成交均价	佣金	印花税	其他费	收付金额	资金金额	备注
12.2	人民币	买入股票	南方股份	162303	500 000	10.50	3 500.00	0.00	0.00	-5 253 500.00	700 000.00	

图 6-1 证券交易对账单

记 账 凭 证

　　　　年　　月　　日　　　　　　　　　　　　　　字　　第　　号

摘要	总账科目	明细账科目	借方金额 亿千百十万千百十元角分	贷方金额 亿千百十万千百十元角分	√
合计					

会计主管：　　　　记账：　　　　出纳：　　　　复核：　　　　制单：

图 6-2 记账凭证

业务 2

实训目标：掌握交易性金融资产业务的核算方法。
实训组织：学生分组讨论问题。
实训成果：各组展示，教师讲评。
实训资料：承接上题，12 月 6 日，武汉万通制造有限公司收到股利（通过"其他货币资金"科目核算），如图 6-3 所示。请根据背景资料编制记账凭证，如图 6-4 所示。

证券交易对账单

客户编号：6600202X
姓名：武汉万通制造有限公司
对账日期：12.6
资金信息：

币种	资金余额	可用金额	可取现金	资产总值
人民币	950 000.00	950 000.00	950 000.00	5 950 000.00

流水明细：

日期	币种	业务标志	证券名称	证券代码	发生数量	成交均价	佣金	印花税	其他费	收付金额	资金金额	备注
12.2	人民币	买入股票	南方股份	162303	500 000	10.50	3 500.00	0.00	0.00	-5 253 500.00	700 000.00	
12.6	人民币	收到现金股利	南方股份	162303	500 000	0.50	0.00	0.00	0.00	250 000.00	950 000.00	

图 6-3 证券交易对账单

记 账 凭 证

年 月 日　　　　　　　　　字第 号

摘 要	总账科目	明细账科目	借方金额 亿千百十万千百十元角分	贷方金额 亿千百十万千百十元角分	√
合 计					

会计主管：　　记账：　　出纳：　　复核：　　制单：

图 6-4 记账凭证

业务 3

实训目标：掌握交易性金融资产业务的核算方法。

实训组织：学生分组讨论问题。

实训成果：各组展示，教师讲评。

实训资料：承接上题，12 月 15 日，武汉万通制造有限公司的股票价格上涨到 11 元/股。请编制武汉万通有限公司确认股票价格变动时的记账凭证，如图 6-5 所示。

记 账 凭 证

年 月 日　　　　　　　　　字第 号

摘 要	总账科目	明细账科目	借方金额 亿千百十万千百十元角分	贷方金额 亿千百十万千百十元角分	√
合 计					

会计主管：　　记账：　　出纳：　　复核：　　制单：

图 6-5 记账凭证

业务 4

实训目标：掌握交易性金融资产业务的核算方法。

实训组织：学生分组讨论问题。

实训成果：各组展示，教师讲评。

实训资料：承接上题，12 月 20 日，武汉万通制造有限公司出售所持有的全部南方股份有限公司发行的股票，如图 6-6 所示，请根据背景资料编制出售股票时的记账凭证，如图 6-7 所示。

证券交易对账单

客户编号：6600202X
姓名：武汉万通制造有限公司
对账日期：12.20
资金信息：

币种	资金余额	可用金额	可取现金	资产总值
人民币	8 936 667.00	8 936 667.00	8 936 667.00	8 936 667.00

流水明细：

日期	币种	业务标志	证券名称	证券代码	发生数量	成交均价	佣金	印花税	其他费	收付金额	资金金额	备注
12.2	人民币	买入股票	南方股份	162303	500 000	10.50	3 500.00	0.00	0.00	-5 253 500.00	700 000.00	
12.6	人民币	收到现金股利	南方股份	162303	500 000	0.50	0.00	0.00	0.00	250 000.00	950 000.00	
12.20	人民币	卖出股票	南方股份	162303	500 000	16.00	5 333.00	8 000.00	0.00	7 986 667.00	8 936 667.00	

图 6-6 证券交易对账单

记 账 凭 证

年 月 日   字第 号

摘要	总账科目	明细账科目	借方金额 亿千百十万千百十元角分	贷方金额 亿千百十万千百十元角分	√
合 计					

会计主管：   记账：   出纳：   复核：   制单：

图 6-7 记账凭证

考考你

基本信息	姓名	学号	班级	组别	备注
	规定时间	完成时间	考核日期	总评成绩	

1. 甲公司购入 A 股票 10 万股，划分为交易性金融资产，支付的价款为 105 万元，另支付交易费用 3 万元，该项交易性金融资产的入账价值为（　　）万元。
　　A. 103　　　　　　B. 100　　　　　　C. 105　　　　　　D. 108

2. 下列金融资产中，应按公允价值进行初始计量，且其交易费用不计入初始入账价值的是（　　）。
　　A. 交易性金融资产　　　　　　B. 应收票据
　　C. 应收款项　　　　　　　　　D. 其他应收款

3. 企业购入一项交易性金融资产，支付的价款为 103 万元，其中包含已到期尚未领取的利息 3 万元，另支付交易费用 2 万元。该项交易性金融资产的入账价值为（　　）万元。
　　A. 103　　　　　　B. 100　　　　　　C. 102　　　　　　D. 105

4. 根据《企业会计准则第 22 号——金融工具确认和计量》的规定，关于下列交易性金融资产的后续计量表述中，正确的是（　　）。
　　A. 按照摊余成本进行后续计量
　　B. 按照公允价值进行后续计量，公允价值变动计入当期投资收益
　　C. 按照公允价值进行后续计量，变动计入资本公积
　　D. 按照公允价值进行后续计量，公允价值变动计入当期公允价值变动损益

5. 企业出售交易性金融资产时，应按实际收到的金额，借记"银行存款"科目，按该金融资产的成本，贷记"交易性金融资产（成本）"科目，按该交易性金融资产的公允价值变动，贷记或借记"交易性金融资产（公允价值变动）"科目，按其差额，贷记或借记（　　）。
　　A. "公允价值变动损益"科目　　　　B. "资本公积"科目
　　C. "投资收益"科目　　　　　　　　D. "营业外收入"科目

6. 持有交易性金融资产期间被投资单位宣告发放现金股利或在资产负债表日按债券票面利率计算利息时，借记"应收股利"或"应收利息"科目，贷记（　　）科目。
　　A. 交易性金融资产　　　　　　B. 资本公积
　　C. 公允价值变动损益　　　　　D. 投资收益

7. 甲股份有限公司于 20×1 年 2 月 28 日以每股 6 元（包含已宣告尚未发放的现金股利 0.25 元）的价格购入某上市公司股票 25 万股，作为交易性金融资产核算。购买该股票支付手续费 5 万元。5 月 25 日，收到该上市公司按每股 0.25 元发放的现金股利。12 月 31 日该股票的市价为每股 5.5 元，20×1 年 12 月 31 日该股票投资的账面价值为（　　）万元。
　　A. 125　　　　　　B. 137.5　　　　　C. 150　　　　　　D. 143.75

8. 下列各项中,不应计入交易性金融资产入账价值的有（   ）。
   A. 支付的手续费   B. 支付的印花税
   C. 取得时交易性金融资产的公允价值   D. 已宣告但尚未发放的现金股利
9. 企业在购入公司债券作为交易性金融资产时,可能用的借方科目有（   ）。
   A. 交易性金融资产   B. 应收利息   C. 应收股利   D. 投资收益
10. 关于交易性金融资产,正确的会计处理方法有（   ）。
    A. 应当按照取得时的公允价值和相关的交易费用作为初始确认金额
    B. 支付的价款中包含已宣告发放的现金股利或债券利息,应当单独确认为应收项目
    C. 企业在持有期间取得的利息或现金股利,应当确认为投资收益
    D. 资产负债表日,公允价值变动计入当期损益

帮帮我

项目七 负债业务核算

【思政学习心得】

_____

_____

_____

【本项目思维导图】

【学习评价】

一、理论考核

任务1 短期借款的核算

(一)单项选择题

1. 企业因日常业务经营需要向银行借入短期借款,利息按月预提、按季支付。下列各项中,预提借款利息应贷记的会计科目是( )。

  A. 应付利息   B. 应付账款   C. 合同负债   D. 短期借款

2. 20×1年9月1日,某企业向银行借入资金350万元,用于生产经营,借款期限为3个月,年利率为6%,到期一次还本付息,利息按月计提,下列各项中,关于该借款相关科目的会计处理,正确的是( )。

  A. 借入款项时,借记"短期借款"科目350万元

  B. 借款到期归还本息时,贷记"银行存款"科目355.25万元

  C. 每月预提借款利息时,贷记"财务费用"科目5.25万元

  D. 每月预提借款利息时,借记"应付利息"科目1.75万元

3. 企业在生产经营期间的资产负债表日,按合同利率计算的短期借款利息费用,其会计处理正确的是( )。

A. 借记"财务费用"科目，贷记"短期借款"科目
B. 借记"财务费用"科目，贷记"其他应付款"科目
C. 借记"财务费用"科目，贷记"应付利息"科目
D. 借记"短期借款"科目，贷记"应付利息"科目

4. 假设甲公司每月末计提利息，每季度末收到银行寄来的短期借款利息付款通知单时，应贷记的科目是（　　）。
  A. 库存现金　　　　　　　　B. 银行存款
  C. 财务费用　　　　　　　　D. 应付利息

（二）多项选择题

1. 下列各项中，关于制造业企业预提短期借款利息的会计处理，正确的有（　　）。
  A. 借记"制造费用"科目　　　B. 贷记"应付账款"科目
  C. 贷记"应付利息"科目　　　D. 借记"财务费用"科目

2. 在下列各项中，属于流动负债的有（　　）。
  A. 预收账款　　　　　　　　B. 其他应付款
  C. 预付账款　　　　　　　　D. 一年内到期的非流动负债

任务 2　长期借款的核算

（一）单项选择题

1. 下列属于长期负债的项目是（　　）。
  A. 长期借款　　　　　　　　B. 应付票据
  C. 应付利润　　　　　　　　D. 应付账款

2. 下列项目中，不属于借款费用的是（　　）。
  A. 借款手续费　　　　　　　B. 借款佣金
  C. 发行公司债券的佣金　　　D. 发行公司股票的佣金

3. 长期借款利息的计算和支付，应通过以下（　　）科目核算。
  A. 应付利息　　　　　　　　B. 其他应付款
  C. 长期应付款　　　　　　　D. 长期借款

（二）多项选择题

1. 企业的下列筹资方式中，属于长期负债的包括（　　）。
  A. 发行 3 年期公司债券　　　B. 发行 9 个月的公司债券
  C. 向银行借入 2 年期的借款　D. 融资租入固定资产的租赁费
  E. 发行普通股票

2. "长期借款"科目的借方反映的内容有（　　）。
  A. 借入的长期借款本金　　　B. 应计的长期借款利息
  C. 偿还的长期借款本金　　　D. 偿还的长期借款利息
  E. 偿还的应付债券利息

任务 3　应付及预收款项的核算

（一）单项选择题

1. 下列各项中，企业以银行存款支付银行承兑汇票手续费，应借记的会计科目是（　　）。
  A. 财务费用　　B. 管理费用　　C. 研发费用　　D. 在建工程

2. 下列各项中，企业签发的银行承兑汇票到期无力支付时，应将未支付的票款记入（　　）科目。
　　A. 短期借款　　　　B. 其他应付款　　　　C. 应付账款　　　　D. 营业外支出
3. 下列各项中，企业对于到期无力支付票款的商业承兑汇票，转销时应贷记的会计科目是（　　）。
　　A. 短期借款　　　　B. 其他应付款　　　　C. 预收账款　　　　D. 应付账款
4. 企业因债权人撤销而转销无法支付的应付账款时，应按所转销的应付账款账面余额计入（　　）。
　　A. 资本公积　　　　B. 其他应付款　　　　C. 管理费用　　　　D. 营业外收入
5. 预收账款业务不多的企业，可以不设"预收账款"科目，而将预收的款项直接记入（　　）科目。
　　A. 其他应收款　　　B. 应付账款　　　　　C. 其他应付款　　　D. 应收账款
6. 企业发生赊购商品业务，下列各项中不影响应付账款入账金额的是（　　）。
　　A. 商品价款　　　　　　　　　　　　　　B. 增值税进项税额
　　C. 现金折扣　　　　　　　　　　　　　　D. 销货方代垫运杂费

（二）多项选择题

1. 下列各项中，引起"应付票据"科目金额发生增减变动的有（　　）。
　　A. 开出商业承兑汇票购买原材料
　　B. 转销已到期无力支付票款的商业承兑汇票
　　C. 转销已到期无力支付票款的银行承兑汇票
　　D. 支付银行承兑汇票手续费
2. 企业发生赊购商品业务，下列各项中影响应付账款入账金额的有（　　）。
　　A. 商品价款　　　　　　　　　　　　　　B. 增值税进项税额
　　C. 现金折扣　　　　　　　　　　　　　　D. 销货方代垫运杂费

（三）判断题

1. 企业对于确实无法支付的应付账款，经核准应按其账面余额计入营业外收入。（　　）
2. 应付账款附有现金折扣的，应按照扣除现金折扣前的应付账款总额入账。因在折扣期限内付款而获得的现金折扣，应在偿付应付账款时冲减财务费用。（　　）

任务4　应付职工薪酬的核算

（一）单项选择题

1. 下列各项中，不属于企业职工薪酬组成内容的是（　　）。
　　A. 根据设定提存计划计提应向单独主体交存的提存金
　　B. 为鼓励职工自愿接受裁减而给予职工的补偿
　　C. 按国家规定标准提取的职工教育经费
　　D. 为职工代扣代交的个人所得税
2. 下列各项中，不属于企业职工薪酬的是（　　）。
　　A. 为职工报销因公差旅费　　　　　　　　B. 为职工交纳的医疗保险
　　C. 为职工交存的住房公积金　　　　　　　D. 支付职工技能培训费

3. 下列各项中，企业按税法规定代扣个人所得税，应借记的会计科目是（　　）。
   A. 财务费用　　　　B. 应付职工薪酬　　　C. 税金及附加　　　D. 管理费用
4. 下列各项中，企业根据本月工资费用分配汇总表分配所列财务部门人员薪酬时，应借记的会计科目是（　　）。
   A. 管理费用　　　　B. 主营业务成本　　　C. 其他业务成本　　　D. 财务费用
5. 下列各项中，企业应记入"应付职工薪酬"科目贷方的是（　　）。
   A. 支付职工的培训费
   B. 发放职工工资
   C. 确认因解除与职工的劳动关系应给予的补偿
   D. 交存职工基本养老保险费
6. 20×1年7月31日，甲企业确认本月应发放生产车间职工的降温补贴11 500元，其中，车间生产工人8 500元，车间管理人员3 000元。全部款项将于发放职工工资时支付。下列各项中，该企业会计处理正确的是（　　）。

   A. 借：生产成本　　　　　　　　　　　　　　　　8 500
   　　　管理费用　　　　　　　　　　　　　　　　3 000
   　　　贷：其他应付款　　　　　　　　　　　　　　11 500
   B. 借：生产成本　　　　　　　　　　　　　　　　8 500
   　　　制造费用　　　　　　　　　　　　　　　　3 000
   　　　贷：其他应付款　　　　　　　　　　　　　　11 500
   C. 借：生产成本　　　　　　　　　　　　　　　　8 500
   　　　管理费用　　　　　　　　　　　　　　　　3 000
   　　　贷：应付职工薪酬——职工福利费　　　　　　11 500
   D. 借：生产成本　　　　　　　　　　　　　　　　8 500
   　　　制造费用　　　　　　　　　　　　　　　　3 000
   　　　贷：应付职工薪酬——职工福利费　　　　　　11 500

7. 甲公司共有200名职工，从20×0年1月1日起，该公司实行累积带薪缺勤制度。该制度规定，每名职工每年可享受5个工作日带薪年休假，未使用的年休假只能向后结转一个公历年度，超过1年未行使的权利作废；职工休年休假时，首先使用当年可享受的权利，不足部分再从上年结转的带薪年休假余额中扣除，在职工离开公司时，对未使用的累积带薪年休假无权获得现金支付。20×0年12月31日，每个职工当年平均未使用带薪年休假为2天。根据过去的经验并预期该经验将继续适用，甲公司预计20×1年有150名职工将享受不超过5天的带薪年休假，剩余50名总部管理人员每人将平均享受6天带薪年休假，该公司平均每名职工每个工作日工资为400元。甲公司20×0年年末因累积带薪缺勤计入管理费用的金额为（　　）元。
   A. 20 000　　　　B. 120 000　　　　C. 60 000　　　　D. 0
8. 某家电生产企业，20×0年1月以其生产的每台成本为800元的微波炉作为非货币性福利发放给职工，发放数量为100台，该型号微波炉不含增值税的市场售价为1 000元，适用的增值税税率为13%。不考虑其他因素，该企业确认职工薪酬的金额应为（　　）元。
   A. 90 400　　　　B. 80 000　　　　C. 100 000　　　　D. 113 000
9. 某纺织企业为增值税一般纳税人，适用的增值税税率为13%。该企业以其生产的服装作为福利发放给100名生产车间管理人员，每人一套，每套服装不含税售价为350元，成本为280元。不考虑其他因素，下列各项中，该企业关于非货币性福利的会计处理，表述错误的是（ ）。

  A. 确认制造费用39 550元   B. 确认应付职工薪酬39 550元

  C. 确认主营业务收入39 550元   D. 确认增值税销项税额4 550元

10. 下列各项中，企业为管理人员提供免费使用汽车的折旧费，应借记的会计科目是（ ）。

  A. 制造费用   B. 生产成本   C. 营业外支出   D. 应付职工薪酬

11. 企业将自有房屋无偿提供给本企业行政管理人员使用，下列各项中，关于计提房屋折旧的会计处理，表述正确的是（ ）。

  A. 借记"其他业务成本"科目，贷记"累计折旧"科目

  B. 借记"其他应收款"科目，贷记"累计折旧"科目

  C. 借记"营业外支出"科目，贷记"累计折旧"科目

  D. 借记"管理费用"科目，贷记"应付职工薪酬"科目

12. 甲公司为增值税一般纳税人，适用的增值税税率为13%。1月2日甲公司董事会决定将本公司生产的500件产品作为福利发放给公司管理人员，该批产品单件成本为1.2万元，市场销售价格为每件2万元（不含增值税），不考虑其他相关税费，甲公司在当年因该项业务应计入管理费用的金额为（ ）万元。

  A. 600   B. 770   C. 1 000   D. 1 170

13. 甲公司为高管租赁公寓免费使用，按月以银行存款支付。应编制的会计分录是（ ）。

  A. 借记"管理费用"科目，贷记"银行存款"科目

  B. 借记"管理费用"科目，贷记"应付职工薪酬"科目

  C. 借记"管理费用"科目，贷记"应付职工薪酬"科目；同时借记"应付职工薪酬"科目，贷记"银行存款"科目

  D. 借记"资本公积"科目，贷记"银行存款"科目；同时借记"应付职工薪酬"科目，贷记"资本公积"科目

14. 企业从应付职工工资中代扣的职工房租，应借记的会计科目是（ ）。

  A. 应付职工薪酬   B. 银行存款   C. 其他应收款   D. 其他应付款

15. 下列项目中，不属于职工薪酬的是（ ）。

  A. 辞退福利   B. 职工福利费

  C. 医疗保险费   D. 职工出差报销的飞机票

（二）多项选择题

1. 下列各项中，属于"应付职工薪酬"科目核算内容的有（ ）。

  A. 正式任命并聘请的独立董事津贴

  B. 已订立劳动合同的全职职工的奖金

  C. 已订立劳动合同的临时职工的工资

  D. 向住房公积金管理机构交存的住房公积金

2. 下列各项中，关于企业非货币性福利——职工薪酬的会计处理，表述错误的是（ ）。

  A. 难以认定受益对象的非货币性福利，应当直接计入当期损益

  B. 企业租赁汽车供高级管理人员无偿使用，应当将每期应付的租金计入管理费用

C. 企业以自产产品作为非货币性福利发放给销售人员，应当按照产品的实际成本计入销售费用

D. 企业将自有房屋无偿提供给生产工人使用，应当按照该住房的公允价值计入生产成本

3. 下列各项中，应纳入职工薪酬核算的有（　　）。
   A. 工会经费　　　　　　　　　　B. 职工养老保险费
   C. 职工住房公积金　　　　　　　D. 辞退职工经济补偿

4. 下列项目中，属于职工薪酬的有（　　）。
   A. 职工出差报销的飞机票　　　　B. 非货币性福利
   C. 职工津贴和补贴　　　　　　　D. 因解除与职工的劳动关系给予的补偿

5. A公司管理层20×1年11月1日决定停产某车间的生产任务，提出职工没有选择权的辞退计划，规定拟辞退生产工人200人、总部管理人员10人，并于20×1年12月31日执行。已经通知本人，并经董事会批准，辞退补偿为生产工人每人2万元、总部管理人员每人50万元。20×1年正确的会计处理方法有（　　）。
   A. 借记"生产成本"科目400万元　　　　B. 借记"管理费用"科目500万元
   C. 借记"管理费用"科目900万元　　　　D. 贷记"应付职工薪酬"科目900万元

6. 关于非货币性职工薪酬，说法不正确的有（　　）。
   A. 难以认定受益对象的非货币性福利，直接计入当期损益和应付职工薪酬
   B. 企业将拥有的房屋等资产无偿提供给职工使用的，应当根据受益对象，按照该住房的公允价值计入相关资产成本或当期损益，同时确认应付职工薪酬
   C. 企业租赁住房等资产供职工无偿使用的，应当根据受益对象，将每期应付的租金计入相关资产成本或当期损益，并确认应付职工薪酬
   D. 企业以其自产产品作为非货币性福利发放给职工的，应当根据受益对象，按照产品的账面价值，计入相关资产成本或当期损益，同时确认应付职工薪酬

7. 企业应当在职工为其提供服务的会计期间，将应付的职工薪酬（不包括辞退福利）确认为负债，并根据职工提供服务的收益对象，分别下列情况处理（　　）。
   A. 应由生产产品、提供服务负担的职工薪酬，计入产品成本或服务成本
   B. 应由在建工程、无形资产开发成本负担的职工薪酬，计入建造固定资产或无形资产的开发成本
   C. AB两项之外的其他职工薪酬，计入当期损益
   D. 企业应当严格按照辞退计划条款的规定，合理预计并确认辞退福利产生的应付职工薪酬，并确认

（三）判断题

1. 企业提前解除劳动合同给予职工解除劳动关系的补偿，应通过"应付职工薪酬——辞退福利"科目核算。（　　）

2. 企业生产车间生产人员福利费应根据实际发生额计入生产成本。（　　）

3. 某企业职工张某经批准休探亲假5天，根据企业规定确认为非累积带薪缺勤，该企业应当在其休假期间确认与非累积带薪缺勤相关的职工薪酬。（　　）

4. 企业应在职工实际发生缺勤的会计期间确认与非累积带薪缺勤相关的应付职工薪酬。（　　）

5. 企业应在职工提供了服务从而增加了其未来享有的带薪缺勤权利时，确认与非累积

带薪缺勤相关的职工薪酬。（   ）

6. 职工薪酬是指企业为获得职工提供的服务而给予职工各种形式的报酬和其他相关支出，包括提供给职工的全部货币性薪酬和非货币性福利。

7. 企业为职工交纳的基本养老保险金、补充养老保险费，以及为职工购买的商业养老保险，均属于企业提供的职工薪酬。（   ）

8. 应付职工未按期领取的工资应该通过"其他应付款"科目核算。（   ）

任务 5　应交税费的核算

（一）单项选择题

1. 下列各项中，应通过"应交税费"科目核算的有（   ）。
   A. 交纳的印花税
   B. 增值税一般纳税人购进固定资产应支付的增值税进项税额
   C. 为企业员工代扣代交的个人所得税
   D. 交纳的房产税

2. 下列各项中，增值税一般纳税人当期发生（增值税专用发票已经税务机关认证）准予以后期间抵扣的进项税额，应记入的会计科目是（   ）。
   A. 应交税费——待转销项税额
   B. 应交税费——未交增值税
   C. 应交税费——待抵扣进项税额
   D. 应交税费——应交增值税

3. 某企业为增值税小规模纳税人，20×1年8月购入原材料取得的增值税专用发票上注明的价款为10 000元，增值税为1 300元。当月销售产品开具的增值税普通发票上注明的含税价款为123 600元，适用的征收率为3%。不考虑其他因素，该企业20×1年8月应交纳的增值税为（   ）元。
   A. 3 600　　　B. 2 408　　　C. 3 708　　　D. 2 300

4. 某企业为增值税一般税人，该企业购入一批原材料，取得的增值税专用发票上注明的价款为150万元，增值税为19.5万元；另付运费1万元，增值税为0.09万元。不考虑其他因素，该批原材料的入账成本为（   ）万元。
   A. 151　　　B. 170.59　　　C. 170.5　　　D. 150.91

5. A公司为增值税一般纳税人，委托M公司加工应交消费税的B材料一批（非金银首饰），发出材料价款20 000元，支付加工费10 000元，取得的增值税专用发票上注明的增值税为1 300元，由受托方代收代交的消费税为1000元，材料已加工完成。委托方收回B材料用于连续生产应税消费品，该B材料收回时的成本为（   ）元。
   A. 31 000　　　B. 30 000　　　C. 31 300　　　D. 32 300

6. 某企业将应交资源税的自产矿产品用于其产品生产，不考虑其他因素，该企业确认应交资源税应借记的科目是（   ）。
   A. 生产成本　　　B. 管理费用　　　C. 税金及附加　　　D. 销售费用

7. 下列各项中，企业确认当期销售部门使用车辆应交纳的车船税，应借记的会计科目是（   ）。
   A. 其他业务成本　　　　　　　B. 税金及附加
   C. 管理费用　　　　　　　　　D. 销售费用

8. 下列各项中，不应计入存货成本的是（　　）。
   A. 一般纳税人进口原材料支付的关税
   B. 一般纳税人购进原材料支付的增值税专用发票上注明的增值税
   C. 小规模纳税人购进原材料支付的增值税
   D. 一般纳税人进口应税消费品支付的消费税

（二）多项选择题

1. 下列各项中，关于增值税一般纳税人的会计处理，表述正确的有（　　）。
   A. 已单独确认进项税额的购进货物用于投资，应贷记"应交税费——应交增值税（进项税额转出）"科目
   B. 将委托加工的货物用于对外捐赠，应贷记"应交税费——应交增值税（销项税额）"科目
   C. 单独确认进项税额的购进货物发生非正常损失，应贷记"应交税费——应交增值税（进项税额转出）"科目
   D. 企业管理部门领用本企业生产的产品，应贷记"应交税费——应交增值税（销项税额）"科目

2. 下列各项中，企业应交消费税的相关会计处理，表述错误的有（　　）。
   A. 收回委托加工物资直接对外销售，受托方代收代交的消费税记入"应交税费——应交消费税"科目的借方
   B. 销售产品应交的消费税记入"税金及附加"科目的借方
   C. 用于在建工程的自产产品应交纳的消费税记入"税金及附加"科目的借方
   D. 收回委托加工物资连续生产应税消费品，受托方代收代交的消费税记入"委托加工物资"科目的借方

3. 下列经济业务，对于一般纳税企业而言要计算增值税销项税额的有（　　）。
   A. 将自产产品用于集体福利设施建设　　B. 将自产产品对外捐赠
   C. 原材料发生自然灾害损失　　D. 以自产产品对外投资

4. 下列各项中，应通过"应交税费"科目核算的有（　　）。
   A. 交纳的印花税
   B. 增值税一般纳税人购进固定资产应支付的增值税进项税额
   C. 为企业员工代扣代交的个人所得税
   D. 交纳的房产税

（三）判断题

1. 房地产开发经营企业销售房地产应交纳的土地增值税，应记入"税金及附加"科目。（　　）

2. 已验收入库但至月末尚未收到增值税扣税凭证的赊购货物，应按合同协议价格计算增值税进项税额暂估入账。（　　）

3. 小规模纳税人销售货物采用销售额和应纳增值税合并定价的方法向客户结算款项时，应按照不含税销售额确认收入。（　　）

4. 房地产开发经营企业销售房地产应交纳的土地增值税，应记入"应交税费"科目。（　　）

二、技能考核

任务单

任务 1

项目名称	任务内容清单
任务情境	甲公司 20×1 年 7 月有关职工薪酬业务如下： （1）按照工资总额的标准分配工资费用，其中，生产工人工资为 100 万元，车间管理人员工资为 20 万元，总部管理人员工资为 30 万元，专设销售部门人员工资为 10 万元，在建工程人员工资为 5 万元，内部开发人员工资为 35 万元（符合资本化条件）。 （2）按照所在地政府规定，按照工资总额的 10%、12%、2% 和 10.5% 计提医疗保险费、养老保险费、失业保险费和住房公积金。 （3）按照工资总额的 2% 和 2.5% 计提工会经费和职工教育经费。 要求：编制甲公司 20×1 年 7 月上述交易或事项的会计分录。
任务目标	掌握职工薪酬业务的核算方法。
任务要求	请你根据任务情境，学习职工薪酬业务的核算方法，完成上述业务的会计处理。
任务思考	

任务 2

项目名称	任务内容清单
任务情境	20×1 年 6 月，丙公司当月应发工资 1 000 万元，其中，生产部门直接生产工人工资 500 万元，生产部门管理人员工资 100 万元，公司管理人员工资 180 万元，公司专设销售机构人员工资 50 万元，建造厂房人员工资 110 万元，内部开发存货管理系统人员工资 60 万元。 要求：编制该公司 20×1 年 6 月分配职工薪酬的会计分录。
任务目标	掌握职工薪酬分配业务的核算方法。
任务要求	请你根据任务情境，学习职工薪酬分配业务的核算方法，完成上述业务的会计处理。
任务思考	

任务 3

项目名称	任务内容清单
任务情境	甲公司是一家电脑生产型企业，有职工 200 名，其中一线生产工人 170 名，总部管理人员 30 名。20×1 年 2 月，甲公司决定以其外购的一批液晶显示器作为福利发放给职工，该批显示器单位购买成本为 10 000 元，单位计税价格（公允价值）为 14 000 元，适用的增值税税率为 13%。 要求：作出相关会计处理。
任务目标	掌握非货币性职工薪酬业务的核算方法。
任务要求	请你根据任务情境，学习非货币性职工薪酬业务的核算方法，完成上述业务的会计处理。
任务思考	

任务 4

项目名称	任务内容清单
任务情境	甲企业 20×1 年发生下列经济业务： 1 月 1 日向银行借入 800 000 元，用于某项工程，期限 5 年，年利率 10%（实际利率与合同利率一致），合同规定到期一次还本，每年年末计提利息，次年 1 月 1 日实际支付。该工程从 20×1 年年初开始，将于 20×1 年年末完工，假设工程建造期间计提的利息费用均符合资本化条件。 要求：编制取得长期借款及利息的会计分录。
任务目标	掌握以借款方式筹集资金业务的核算方法。
任务要求	请你根据任务情境，学习长期借款业务的核算方法，完成上述业务的会计处理。
任务思考	

亮闪闪

实训目标：掌握记账凭证的编制方法。
实训组织：学生分组讨论工资结算问题。
实训成果：各组展示，教师讲评。
实训资料：详细资料如图 7-1~图 7-4 所示。

工资结算汇总表

单位：武汉万通制造有限公司　　　　2020年12月10日　　　　　　　　　　　　　　　　单位：元

项目	应付工资					代扣款项						实发工资
	标准	资金	津贴	加班工资	小计	养老	医疗	失业	住房	个税	小计	
销售人员	92 000	31 000	3 800	5 000	131 800	10 544	6 590	1 318	6 590	531.9	25 573.9	106 226.1
行政管理人员	17 450	7 180	2 700	2 000	29 330	2 346.4	1 465.5	293.3	1 466.5	219.5	5 792.2	23 537.8
合计	109 450	38 180	6 500	7 000	161 130	12 890.4	8 056.5	1 611.3	8 056.5	751.4	31 366.1	129 763.9

图 7-1　工资结算汇总表

中国工商银行
现金支票存根
IXⅡ　00209881

附加信息 _____
_____
_____

出票日期　2020 年　12 月　10 日
收款人：武汉万通制造有限公司
金　额：￥129763.9
用　途：工资
单位主管　李天爱　会计　王飞

图 7-2　现金支票存根

图 7-3 记账凭证

图 7-4 记账凭证

考考你

基本信息	姓名		学号		班级		组别		备注	
	规定时间		完成时间		考核日期		总评成绩			

1. 下列各项中，属于"其他应付款"科目核算范围的是（　　）。
   A. 应付短期租赁固定资产的租金　　B. 应付供应商的货款
   C. 应付给职工的薪酬　　　　　　　D. 应付供应商代垫的运杂费
2. 下列项目中，不属于职工薪酬的是（　　）。
   A. 职工出差报销的火车票　　　　　B. 职工福利费
   C. 医疗保险费　　　　　　　　　　D. 职工工资
3. 下列有关离职后福利的说法中，不正确的是（　　）。
   A. 离职后福利是指企业在职工提供相关服务的年度报告期间结束后 12 个月内需要全部予以支付的职工薪酬
   B. 离职后福利计划包括设定提存计划和设定受益计划
   C. 设定提存计划是指向独立的基金交存固定费用后，企业不再承担进一步支付义务的离职后福利计划
   D. 设定受益计划是指除设定提存计划以外的离职后福利计划
4. 下列关于消费税核算的表述，不正确的是（　　）。
   A. 企业销售应税消费品的消费税应通过"税金及附加"科目核算
   B. 企业在建工程领用应税消费品时，应将消费税的金额计入在建工程成本中
   C. 进口应税消费品直接出售的，进口环节交纳的消费税需要计入进口货物的成本中
   D. 委托加工物资收回后直接出售，受托方代收代交的消费税应记入"应交税费——应交消费税"科目
5. 委托加工物资收回后用于连续生产应税消费品的，由受托方代收代交的消费税，委托方应借记的会计科目是（　　）。
   A. 在途物资　　　　　　　　　　　B. 委托加工物资
   C. 应交税费——应交消费税　　　　D. 税金及附加
6. 甲企业为增值税一般纳税人，委托乙企业加工一批应交消费税的 W 材料，发出原材料的成本为 50 000 元，加工费为 10 000 元，取得的增值税专用发票上注明的增值税为 1 300 元，发票已通过税务机关认证。由乙企业代收代交的消费税为 4 000 元，甲企业收回 W 材料直接销售。不考虑其他因素，甲企业收回委托加工 W 材料的成本为（　　）元。
   A. 60 000　　　B. 65 300　　　C. 64 000　　　D. 61 300
7. 甲公司为增值税一般纳税人，20×1 年 3 月 2 日从境外购入一批原材料，以银行存款支付进口增值税 29 万元，当月已向海关申请稽核比对，但尚未取得稽核相符结果，则下列关于支付进口增值税的会计处理，正确的是（　　）。
   A. 借：应交税费——应交增值税（进项税额）　　29
   　　贷：银行存款　　　　　　　　　　　　　　　29
   B. 借：应交税费——待认证进项税额　　　　　　29
   　　贷：银行存款　　　　　　　　　　　　　　　29

C. 借：应交税费——未交增值税　　　　　　　　　29
　　　贷：银行存款　　　　　　　　　　　　　　　　　29
D. 借：应交税费——应交增值税（已交税金）　　29
　　　贷：银行存款　　　　　　　　　　　　　　　　　29

8. 下列各项中，房地产开发经营企业确认当期因销售房地产应交纳的土地增值税，应借记的会计科目是（　　）。
　　A. 营业外支出　　　B. 税金及附加　　　C. 管理费用　　　D. 销售费用

9. 下列关于短期借款的表述中，正确的有（　　）。
　　A. 短期借款利息如果是借款到期时连同本金一起归还的，并且数额不大，可以不采用预提方式
　　B. 企业生产经营期间取得短期借款所支付的利息费用计入财务费用
　　C. 月末计提短期借款利息时通过"预提费用"科目核算
　　D. 短期借款是企业向银行或其他金融机构等借入的期限在1年以下（含1年）的各种款项

10. 关于应付账款的核算，下列选项表述正确的有（　　）。
　　A. 应付账款附有现金折扣条件的，应按扣除现金折扣后的净额入账
　　B. 销货方代购货方垫付的运杂费等应计入购货方的应付账款入账金额
　　C. 企业确实无法支付的应付账款应计入营业外收入
　　D. 企业采购存货已入库，如果月末发票及账单尚未到达，应暂估应付账款

11. 根据受益对象进行分配，计提应付职工薪酬时可以记入的会计科目有（　　）。
　　A. 制造费用　　　B. 研发支出　　　C. 在建工程　　　D. 财务费用

12. 下列各项中，应确认为应付职工薪酬的有（　　）。
　　A. 非货币性福利　　　B. 社会保险费　　　C. 职工工资　　　D. 工会经费

13. 下列各项中，应通过"应付职工薪酬"科目核算的有（　　）。
　　A. 计提的工会经费　　　　　　　　　B. 计提的职工住房公积金
　　C. 计提的职工医疗保险费　　　　　　D. 确认的职工短期带薪缺勤

14. 下列各项中，应列入资产负债表应付职工薪酬项目的有（　　）。
　　A. 支付临时工的工资　　　　　　　　B. 发放给困难职工的补助金
　　C. 交纳职工的工伤保险费　　　　　　D. 支付辞退职工工资的经济补偿金

帮帮我

项目八 所有者权益业务核算

【思政学习心得】

_____

_____

【本项目思维导图】

【学习评价】

一、理论考核

（一）单项选择题

1. 下列各项中，会导致留存收益总额发生增减变动的是（　　）。
　　A. 资本公积转增资本　　　　　　　B. 盈余公积补亏
　　C. 盈余公积转增资本　　　　　　　D. 以当年净利润弥补以前年度亏损

2. 某企业年初所有者权益总额160万元，当年以其中的资本公积转增资本50万元。当年实现净利润300万元，提取盈余公积30万元，向投资者分配利润20万元。该企业年末所有者权益总额为（　　）万元。
　　A. 360　　　　　B. 410　　　　　C. 440　　　　　D. 460

3. 采用权益法核算长期股权投资时，对于被投资企业因可供出售金融资产公允价值变动影响资本公积增加，期末因该事项投资企业应按所拥有的表决权资本的比例计算应享有的份额，将其计入（　　）。
　　A. 资本公积　　　B. 投资收益　　　C. 其他业务收入　　　D. 营业外收入

4. 企业以盈余公积转增资本后，留存的盈余公积不得低于注册资本的（　　）。
　　A. 10%　　　　　B. 20%　　　　　C. 25%　　　　　D. 50%

5. 某股份有限公司委托某证券公司代理发行普通股 100 000 股，每股面值 1 元，每股按 1.1 元的价格出售，按协议，证券公司收取 2%的手续费，从发行收入中扣除。则该公司计入资本公积的数额为（　　）元。
   A. 0 　　　　　　B. 7 800 　　　　　C. 8 000 　　　　　D. 10 000
6. 某企业 20×1 年年初未分配利润的贷方余额为 200 万元，本年度实现的净利润为 100 万元，分别按 10%和 5%提取法定公积和任意公积。假定不考虑其他因素，该企业 20×1 年年末未分配利润的贷方余额应为（　　）万元。
   A. 205 　　　　　　B. 255 　　　　　　C. 270 　　　　　　D. 285
7. 企业用盈余公积或资本公积转增资本（　　）。
   A. 会导致所有者权益的增加
   B. 会导致所有者权益的减少
   C. 不会引起所有者权益总额及其结构的变化
   D. 不会引起所有者权益总额的变化，但会导致其结构的变化
8. 年末进行利润结转后，以下账户中可能会存在年末余额的是（　　）。
   A. 本年利润　　　　　　　　　　　B. 利润分配——应付普通股股利
   C. 利润分配——未分配利润　　　　D. 所得税费用
9. 甲公司 20×1 年年初所有者权益总额为 1 360 万元，当年实现净利润 450 万元，提取盈余公积 45 万元，向投资者分配现金股利 200 万元，本年内以资本公积转增资本 50 万元，投资者追加现金投资 30 万元。该公司年末所有者权益总额为（　　）万元。
   A. 1 565 　　　　　B. 1 595 　　　　　C. 1 640 　　　　　D. 1 795

（二）**多项选择题**
1. 下列各项中，不会引起所有者权益总额发生增减变动的有（　　）。
   A. 宣告发放股票股利　　　　　　　B. 资本公积转增资本
   C. 盈余公积转增资本　　　　　　　D. 接受投资者追加投资
2. 企业弥补亏损的渠道有（　　）。
   A. 用资本公积弥补　　　　　　　　B. 用盈余公积弥补
   C. 用以后年度税前利润弥补　　　　D. 用以后年度税后利润弥补
3. 下列各项中，会引起负债和所有者权益同时发生变动的有（　　）。
   A. 以盈余公积补亏　　　　　　　　B. 以现金回购本公司股票
   C. 宣告发放现金股利　　　　　　　D. 转销确实无法支付的应付账款
4. 下列各项中，不会引起留存收益变动的有（　　）。
   A. 盈余公积补亏　　　　　　　　　B. 计提法定盈余公积
   C. 盈余公积转增资本　　　　　　　D. 计提任意盈余公积
5. 股份有限公司的发起人，除货币出资外的出资方式有（　　）。
   A. 以固定资产出资　　　　　　　　B. 以无形资产出资
   C. 以短期投资出资　　　　　　　　D. 以长期股权投资出资
6. 股份公司增加股本的途径有（　　）。
   A. 盈余公积转为股本　　　　　　　B. 资本公积转为股本
   C. 发放股票股利　　　　　　　　　D. 债务重组过程中非流动负债转为股本
7. 下列关于"盈余公积"账户的描述正确的是（　　）。
   A. 属于损益类账户

B. 用来核算企业从净利润中提取的盈余公积
  C. 借方登记盈余公积的使用
  D. 期末余额在借方
8. 企业按规定提取的盈余公积可用于（　　）。
  A. 转增资本　　　B. 弥补亏损　　　C. 扩大生产经营　　　D. 发放工资
9. 企业吸收投资者出资，下列会计账户的余额可能发生变化的有（　　）。
  A. 实收资本　　　B. 资本公积　　　C. 盈余公积　　　D. 未分配利润

（三）判断题
1. 企业以盈余公积向投资者分配现金股利，不会引起留存收益总额的变动。（　　）
2. 企业在一定会计期间发生亏损，则企业在这一会计期间的所有者权益一定减少。（　　）
3. 资本公积反映的是企业收到投资者出资额超出其在注册资本或股本中所占份额的部分及直接计入当期损益的利得和损失。（　　）
4. 当企业投资者投入的资本高于其注册资本时，应当将高出部分计入营业外收入。（　　）
5. 以资本公积转增资本能够引起企业所有者权益增加。（　　）

二、技能考核

 任务单

任务1

项目名称	任务内容清单
任务情境	甲公司委托南方证券公司代理发行普通股 600 000 股，每股面值 1 元，每股发行价格 2 元，甲公司与南方证券公司约定，南方证券公司按发行收入的 2% 收取佣金，从发行收入中扣除，假定收到的股款已存入银行。
任务目标	掌握筹集资金业务的核算方法。
任务要求	请你根据任务情境，学习筹集资金业务的核算方法，完成上述业务的会计处理。
任务思考	

任务2

项目名称	任务内容清单
任务情境	甲公司 20×0 年至 20×1 年发生与其股票有关的经济业务如下： （1）20×0 年 1 月 4 日，经股东大会决议，并报有关部门核准，增发普通股 40 000 万股，每股面值 1 元，每股发行价格 5 元，股款已全部收到并存入银行。假定不考虑相关税费。 （2）20×0 年 6 月 20 日，经股东大会决议，并报有关部门核准，以资本公积 4 000 万元转增股本。 （3）20×1 年 6 月 20 日，经股东大会决议，并报有关部门核准，以银行存款回购本公司股票 100 万股，每股回购价格为 3 元。 （4）20×1 年 6 月 26 日，经股东大会决议，并报有关部门核准，将回购的本公司股票 100 万股注销。
任务目标	掌握所有者权益业务的核算方法。
任务要求	请你根据任务情境，学习所有者权益业务的核算方法，完成上述业务的会计处理。
任务思考	

任务3

项目名称	任务内容清单
任务情境	A有限责任公司20×1年发生的有关经济业务如下： （1）按照规定办理增资手续后，将资本公积90 000元转增注册资本。该公司原有注册资本2 910 000元，其中甲、乙、丙三家公司各占1/3。 （2）用盈余公积50 000元弥补以前年度亏损。 （3）从税后利润中提取法定盈余公积153 000元。 （4）接受B公司投资，经投资各方协议，B公司实际出资额中1 000 000元作为新增注册资本，使投资各方在注册资本总额中均占1/4。B公司以银行存款1 200 000元交付出资额。
任务目标	掌握所有者权益业务的核算方法。
任务要求	请你根据任务情境，学习所有者权益业务的核算方法，完成上述业务的会计处理。
任务思考	

亮闪闪

实训目标：掌握记账凭证的编制方法。
实训组织：学生分组讨论吸收投资的问题。
实训成果：各组展示，教师讲评。
实训资料：武汉万通制造有限公司股权证明书如图8-1所示，据此编制记账凭证，如图8-2所示。

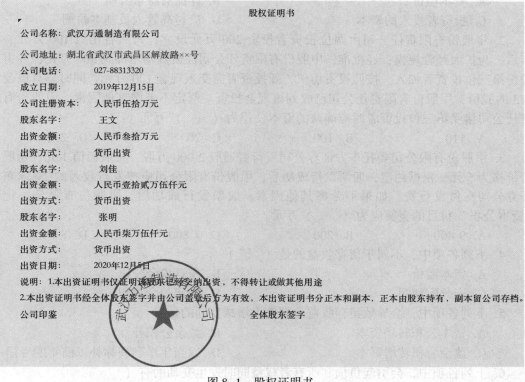

图8-1 股权证明书

图8-2 记账凭证

考考你

基本信息	姓名		学号		班级		组别		备注	
	规定时间		完成时间		考核日期		总评成绩			

1. 下列各项中，不属于所有者权益的是（　　）。
   A. 资本溢价　　　　　　　　　　B. 计提的盈余公积
   C. 投资者投入的资本　　　　　　D. 应付高管人员基本薪酬

2. 甲股份有限责任公司由两位投资者投资200万元设立，每人各出资100万元。一年后，为扩大经营规模，经批准，甲股份有限责任公司注册资本增加到300万元，并引入股份第三位投资者加入。按照投资协议，新投资者需交入现金120万元，同时享有该公司1/3的股份，甲股份有限责任公司已收到该现金投资。假定不考虑其他因素，甲股份有限责任公司接受第三位投资者时应确认的资本公积为（　　）万元。
   A. 110　　　　B. 100　　　　C. 20　　　　D. 200

3. 甲股份有限公司委托东方证券公司发行普通股2 000万股，每股面值1元，每股发行价格为5元。根据约定，股票发行成功后，甲股份有限公司应按发行收入的2%向东方证券公司支付发行费。如果不考虑其他因素，股票发行成功后，甲股份有限公司记入"资本公积"科目的金额应为（　　）万元。
   A. 9 800　　　　B. 200　　　　C. 7 800　　　　D. 8 000

4. 下列各项中，不属于留存收益的是（　　）。
   A. 资本溢价　　　　　　　　　　B. 任意盈余公积
   C. 未分配利润　　　　　　　　　D. 法定盈余公积

5. 下列各项中，会导致留存收益总额发生增减变动的是（　　）。
   A. 资本公积转增资本　　　　　　B. 盈余公积补亏
   C. 盈余公积转增资本　　　　　　D. 以当年净利润弥补以前年度亏损

6. 下列各项中，会引起负债和所有者权益同时发生变动的有（　　）。
   A. 以盈余公积补亏　　　　　　　B. 以现金回购本公司股票
   C. 宣告发放现金股利　　　　　　D. 转销确实无法支付的应付账款

7. 股份有限公司委托其他单位发行股票支付的手续费或佣金等相关费用的金额，可能记入的会计科目有（　　）。
   A. 长期待摊费用　　B. 资本公积　　C. 盈余公积　　D. 投资收益

8. 下列各项中，不会引起留存收益变动的有（　　）。
   A. 盈余公积补亏　　　　　　　　B. 计提法定盈余公积
   C. 盈余公积转增资本　　　　　　D. 计提任意盈余公积

9. 下列各项中，不会引起所有者权益总额发生增减变动的有（　　）。
   A. 宣告发放股票股利　　　　　　B. 资本公积转增资本
   C. 盈余公积转增资本　　　　　　D. 接受投资者追加投资

10. 实收资本增加的途径有（　　）。
    A. 资本公积转增资本　　　　　　B. 盈余公积转增资本
    C. 所有者投入资本　　　　　　　D. 企业盈利

帮帮我

_____
_____
_____
_____
_____
_____

项目九 收入业务核算

【思政学习心得】

【本项目思维导图】

【学习评价】

一、理论考核

（一）单项选择题

1. 甲公司本年度委托乙商店代销一批零配件，代销价款300万元（不含增值税）。本年度收到代销清单，列明已销售代销零配件的70%，甲公司收到代销清单时向乙商店开具增值税发票。乙商店按代销价款的5%收取手续费。该批零配件的实际成本为180万元。则甲公司本年度因此项业务应确认销售收入为（   ）万元。
   A. 300   B. 180   C. 210   D. 120

2. 委托方采用支付手续费的方式委托代销商品，委托方在收到代销清单后应按（   ）确认收入。
   A. 销售价款和增值税之和   B. 商品的进价
   C. 销售价款和手续费之和   D. 商品售价

3. 下列属于工业企业其他业务收入的是（   ）。
   A. 销售材料收入   B. 利息收入   C. 投资收益   D. 罚款收入

4. 对于企业已经发出商品但尚未确认销售收入的商品成本，应编制的会计分录为（   ）。
   A. 借记"应收账款"科目，贷记"库存商品"科目
   B. 借记"应收账款"科目，贷记"主营业务收入（不考虑增值税）"科目

C. 借记"主营业务成本"科目，贷记"库存商品"科目
D. 借记"发出商品"科目，贷记"库存商品"科目

5. 甲公司销售一批商品给丙公司，开出的增值税专用发票上注明的售价为 10 000 万元。增值税为 1 300 万元，商品的成本为 8 000 万元。商品收到后丙公司发现商品质量不合格，要求在价格上给予 3%的折让。丙公司提出的销售折让要求符合原合同的约定，甲公司同意并办妥了相关手续，假定销售商品后还未确认收入，则甲公司应确认销售商品收入的金额为（　　）万元。
A. 351　　　　　B. 9 700　　　　　C. 11 349　　　　　D. 11 300

6. 甲公司销售商品 7 000 件，每件售价 50 元（不含增值税），增值税税率 13%，甲公司为购货方提供的商业折扣为 15%，现金折扣条件为 2/10、1/20、n/30（计算现金折扣时不考虑增值税）。甲公司在这项交易中应确认的收入金额为（　　）元。
A. 320 000　　　B. 308 200　　　C. 297 500　　　D. 320 200

7. 按照会计准则的规定，下列项目中不应确认为收入的是（　　）。
A. 出售原材料取得的收入　　　B. 设备出租收入
C. 违约金收入　　　　　　　　D. 销售商品收取的不含税价款

8. 下列各项中，属于制造业企业主营业务收入的是（　　）。
A. 销售原材料收入　　　　　　B. 出租包装物租金收入
C. 出售生产设备净收益　　　　D. 销售产品收入

9. 下列各项中，企业结转发出不满足收入确认条件的商品成本，应借记的会计科目是（　　）。
A. 主营业务成本　　B. 发出商品　　C. 其他业务成本　　D. 库存商品

10. 在采用支付手续费委托代销的方式下，下列各项中，委托方在收到受托方开出的代销清单时，应将支付的代销手续费记入的会计科目是（　　）。
A. 销售费用　　　B. 财务费用　　　C. 其他业务成本　　　D. 管理费用

11. 甲企业本月赊购一批产品并验收入库，取得的增值税专用发票上注明的价款为 3 000 万元，增值税为 390 万元。合同中规定的现金折扣条件为 2/10、1/20、n/30，计算现金折扣时考虑增值税。不考虑其他因素，该企业应付账款的入账价值为（　　）万元。
A. 3 322.2　　　B. 3 390　　　C. 3 000　　　D. 3 356.1

12. 甲企业为增值税一般纳税人，适用的增值税税率为 13%。9 月 1 日，该企业向某客户销售商品 200 000 件，单位售价为 20 元（不含增值税），单位成本为 10 元，给予客户 10%的商业折扣，当日商品送抵客户，并符合收入确认条件。销售合同约定的现金折扣条件为 2/10、1/20、n/30（计算现金折扣时不考虑增值税）。不考虑其他因素，该客户于 9 月 15 日付款时享有的现金折扣为（　　）元。
A. 4 520　　　　B. 3 600　　　　C. 4 068　　　　D. 4 000

13. 甲企业为增值税一般纳税人，适用的增值税税率为 13%。8 月 1 日赊销一批商品，售价为 120 000 元（不含增值税），规定的现金折扣条件为 2/10、1/20、n/30，计算现金折扣时考虑增值税。客户于 8 月 15 日付清货款，该企业实际收款金额为（　　）元。
A. 118 800　　　B. 117 600　　　C. 134 244　　　D. 132 888

14. 甲公司为增值税一般纳税人，12 月 1 日，与乙公司签订了一项为期 6 个月的咨询合同，合同不含税总价款为 60 000 元，当日收到总价款的 50%，增值税为 1 800 元。截至年末，甲公司累计发生服务成本 6 000 元，估计还将发生服务成本 34 000 元，假定该业务属于

在某一时段内履行的履约义务，履约进度按照已发生成本占估计总成本的比例确定。12月31日，甲公司应确认该项服务的收入为（　　）元。

  A. 9 000 B. 30 000 C. 6 000 D. 40 000

  15. 4月12日，甲企业与客户签订一项工程服务合同，合同期为一年，属于在某一时段内履行的履约义务。合同收入总额为3 000万元（不含增值税），预计合同总成本为2 100万元，至12月31日，该企业实际发生总成本为1 400万元，但履约进度不能合理确定，企业已经发生的成本预计能够得到补偿。则该年度该企业应确认的服务收入为（　　）万元。

  A. 3 000 B. 2 100 C. 1 400 D. 0

  16. 甲公司是一家咨询服务提供商（中了一个向新客户提供咨询服务的标），甲公司为取得合同而发生的成本如下：（1）尽职调查的外部律师费7万元；（2）提交标书的差旅费8万元（客户不承担）；（3）销售人员佣金4万元。假定不考虑其他因素，甲公司应确认的与合同相关的资产为（　　）万元。

  A. 4 B. 12 C. 15 D. 19

  17. 企业销售商品发生的销售折让应（　　）。

  A. 增加销售费用 B. 冲减主营业务收入
  C. 增加主营业务成本 D. 增加营业外支出

  18. 甲公司销售产品每件220元，若客户购买100件（含100件）以上，每件可得到20元的商业折扣。某客户12月10日购买甲公司产品100件，按规定现金折扣条件为2/10、1/20、n/30，适用的增值税税率为13%。假定计算现金折扣时不考虑增值税，甲公司于12月26日收到该笔款项时，应给予客户的现金折扣为（　　）元。

  A. 0 B. 200 C. 234 D. 220

  （二）多项选择题

  1. 按照《企业会计准则》的规定，收入的特征表现为（　　）。

  A. 收入从日常活动中产生，而不是从偶发的交易或事项中产生
  B. 收入可能表现为资产的增加
  C. 收入可能表现为所有者权益的增加
  D. 收入既可能从日常活动中产生，也可能从非日常活动中产生

  2. 按照我国《企业会计准则》的规定，下列项目中不应确认为收入的有（　　）。

  A. 销售商品收取的增值税
  B. 出售飞机票时代收的保险费
  C. 旅行社代客户购买景点门票收取的款项
  D. 销售商品代垫的运杂费

  3. 工业企业的下列各项收入中，应计入其他业务收入的有（　　）。

  A. 提供运输劳务所取得的收入
  B. 提供加工装配劳务所取得的收入
  C. 出租无形资产所取得的收入
  D. 销售材料取得的收入

  4. 甲公司12月10日收到乙公司因质量问题而退回的商品5件，每件商品成本为100元。该批商品是甲公司9月13日出售给乙公司的，每件商品售价为200元，适用的增值税税率为13%，货款尚未收到，甲公司已于9月13日确认销售商品收入，并开出增值税专用发票。因乙公司提出的退货要求符合销售合同约定，甲公司同意退货。假定发生的销售折让

允许扣减当期增值税销项税额。甲公司应在验收退货入库时做的会计分录为（　　）。

  A. 借记"库存商品"1 000，贷记"主营业务成本"1 000

  B. 借记"主营业务收入"2 000，借记"应交税费——应交增值税（销项税额）"260，贷记"应收账款"2 260

  C. 借记"库存商品"1 000，贷记"发出商品"1 000

  D. 借记"应收账款"260，贷记"应交税费——应交增值税（销项税额）"260

5. 下列各项中，属于工业企业营业收入的有（　　）。

  A. 债权投资的利息收入　　　　B. 出租无形资产的租金收入

  C. 销售产品取得的收入　　　　D. 出售无形资产的净收益

6. 下列各项中，应按收入准则进行会计处理的有（　　）。

  A. 销售商品

  B. 提供服务

  C. 出租无形资产收取的租金

  D. 进行股权投资取得的现金股利

7. 3月1日，甲公司与客户签订合同，向其销售A、B两种商品，A商品的单独售价为6 000元，B商品的单独售价为24 000元，合同价款为25 000元。合同约定，A商品于合同开始日交付，B商品在一个月之后交付，只有当两种商品全部交付之后，甲公司才有权收取25 000元的合同对价。假定A商品和B商品分别构成单项履约义务，其控制权在交付时转移给客户。上述价格均不包含增值税，且假定不考虑相关税费影响。甲公司下列会计处理中正确的有（　　）。

  A. 分摊至A商品的合同价款为5 000元

  B. 分摊至B商品的合同价款为20 000元

  C. 3月1日，销售A商品应确认合同资产5 000元

  D. 3月1日，销售A商品应确认应收账款5 000元

8. 某企业销售一批商品，该商品已发出且纳税义务已发生，由于货款收回存在较大不确定性，不符合收入确认条件。下列各项中，关于该笔销售业务的会计处理，表述正确的有（　　）。

  A. 发出商品的同时结转其销售成本

  B. 根据增值税专用发票上注明的税额确认应收账款

  C. 根据增值税专用发票上注明的税额确认应交税费

  D. 将发出商品的成本记入"发出商品"科目

9. 甲公司为增值税一般纳税人，10月2日销售M商品1 000件，并开具增值税专用发票，每件商品的标价为200元（不含增值税），M商品适用的增值税税率为13%。每件商品的实际成本为120元，由于成批销售，甲公司给予客户10%的商业折扣。M商品于10月2日发出，客户于10月9日付款。该销售业务属于在某一时点履行的履约义务。不考虑其他因素，下列各项中，有关甲公司销售M商品的会计处理，表述错误的有（　　）。

  A. 确认主营业务收入180 000元

  B. 确认财务费用20 000元

  C. 确认主营业务成本108 000元

  D. 确认应交增值税销项税额26 000元

10. 某公司经营一家健身俱乐部，适用的增值税税率为6%。1月1日，与客户签订合

同,并收取客户会员费 6 000 元(不含增值税)。客户可在未来 12 个月内享受全部健身服务,且没有次数限制。不考虑其他因素,下列各项中,该公司的相关会计处理表述正确的有( )。

  A. 1 月 1 日收到会员费,确认合同负债 6 000 元
  B. 1 月 1 日收到会员费,确认预计负债 6 000 元
  C. 1 月 31 日确认主营业务收入的金额为 530 元
  D. 1 月 31 日确认主营业务收入的金额为 500 元

(三) 判断题

1. 已完成销售手续,但购买方在当月尚未提取的产品,销售方仍应作为库存商品核算。( )
2. 企业发生收入往往表现为货币资产的流入,但是并非所有货币资产的流入都是企业的收入。( )
3. 企业发生的销售折让,如果按规定扣减当期增值税销项税额,应用"红字"冲减"应交税费——应交增值税(销项税额)"专栏。( )
4. 在支付手续费的代销方式下,委托方应于发出商品时确认收入。( )
5. 采用预收款方式销售商品时,应在收到第一笔款项时确认收入。( )

二、技能考核

 任务单

任务1

项目名称	任务内容清单
任务情境	甲公司为一般纳税人，增值税税率为13%。商品销售价格不含增值税，在确认销售收入时逐笔结转销售成本，假定不考虑其他相关税费。甲公司3月发生下列业务： （1）3月2日，向乙公司销售A商品1 600件，标价总额为800万元（不含增值税），商品实际成本为480万元。为了促销，甲公司给予乙公司15%的商业折扣，并开具了增值税专用发票。甲公司已发出商品，并向银行办理了托收手续。 （2）3月10日，因部分A商品的规格与合同不符，甲公司退回A商品800件。当日，甲公司按规定向乙公司开具增值税专用发票（红字），销售退回允许扣减当期增值税销项税额，退回商品已验收入库。 （3）3月25日，甲公司收到丙公司来函。来函提出，1月10日从甲公司所购B商品不符合规定的质量标准。要求甲公司在价格上给予10%的销售折让。该商品售价为600万元，增值税为78万元，货款已结清。经甲公司确认，同意给予折扣并以银行存款退还折让款，同时开具了增值税专用发票（红字）。 （4）3月26日，销售周转材料——包装物一批，取得含税现金收入2 000元。 （5）3月30日，收到受托方交来的代销清单，注明本月已实现代销商品100件。开具的增值税专用发票上注明价款400 000元、增值税52 000元。当日收到受托方交来的扣除代销手续费后的款项。（代销手续费按不含税收入的5%结算）
任务目标	掌握营业收入业务的核算方法。
任务要求	请你根据任务情境，学习营业收入业务的核算方法，逐笔编制甲公司上述业务的会计分录，计算甲公司3月主营业务收入总额。
任务思考	

任务 2

项目名称	任务内容清单
任务情境	甲公司为增值税一般纳税人，适用的增值税税率为13%。20×1年5月1日，甲公司向金星公司销售商品1 000件，实际售价2 000元（售价中不含增值税），已开出增值税专用发票，商品已交付金星公司。为了及早收回货款，甲公司在合同中规定的现金折扣条件为2/10、1/20、n/30，假定计算现金折扣时不考虑增值税。
任务目标	掌握营业收入业务的核算方法。
任务要求	请你根据任务情境，学习营业收入业务的核算方法，完成上述业务的会计处理。 （1）编制甲公司销售商品时的会计分录。 （2）根据以下假定，分别编制甲公司收到款项时的会计分录： ①金星公司在5月8日按合同规定付款，公司收到款项并存入银行。 ②金星公司在5月19日按合同规定付款，公司收到款项并存入银行。 ③金星公司在5月29日按合同规定付款，公司收到款项并存入银行
任务思考	

任务 3

项目名称	任务内容清单
任务情境	甲公司委托乙公司销售甲商品100件，协议价为每件100元，该商品成本为每件60元，增值税税率为13%。甲公司收到乙公司开来的代销清单，已销售10件，并开具增值税专用发票。甲公司按售价的10%向乙公司支付手续费。
任务目标	掌握委托代销业务的核算方法。
任务要求	请你根据任务情境，学习委托代销业务的核算方法，完成上述业务的会计处理。
任务思考	

亮闪闪

实训目标：掌握记账凭证的编制方法。
实训组织：学生分组讨论问题。
实训成果：各组展示，教师讲评。
实训资料：详细资料如图 9-1～图 9-3 所示。

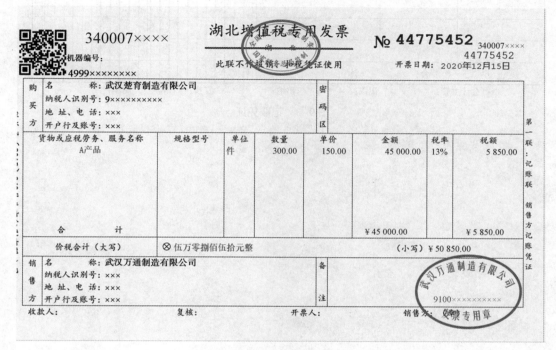

图 9-1 专用发票

图 9-2 出库单

记 账 凭 证

　　　　年　月　日　　　　　　　　　　　　　　　　　字第　号

摘 要	总账科目	明细账科目	借方金额 亿千百十万千百十元角分	贷方金额 亿千百十万千百十元角分	√
	合　　　计				

会计主管：　　　记账：　　　出纳：　　　复核：　　　制单：

附单据　张

图 9-3　记账凭证

考考你

基本信息	姓名		学号		班级		组别		备注	
	规定时间		完成时间		考核日期		总评成绩			

1. 甲公司8月1日赊销一批商品，售价为120 000元（不含增值税），适用的增值税税率为13%，规定的现金折扣为2/10、1/20、n/30，计算现金折扣时考虑增值税。客户于8月15日付清货款，甲公司实际收款金额为（   ）元。
   A. 118 800   B. 134 244   C. 138 996   D. 140 400

2. 企业对于已经发出但不符合收入确认条件的商品，其成本应借记的科目是（   ）。
   A. 在途物资   B. 发出商品
   C. 库存商品   D. 主营业务成本

3. 企业销售商品时代垫的运杂费应记入（   ）科目。
   A. 应收账款   B. 预付账款
   C. 其他应收款   D. 应付账款

4. 甲公司3月销售商品发生商业折扣20万元、现金折扣15万元、销售折让25万元。甲公司上述业务计入当月财务费用的金额为（   ）万元。
   A. 15   B. 20   C. 35   D. 45

5. 下列项目中不计入其他业务收入的有（   ）。
   A. 罚款收入   B. 出售固定资产的净收益
   C. 出租无形资产取得的收入   D. 出售无形资产取得的净收益

6. 下列各项中，关于采用支付手续费方式委托代销商品的会计处理，表述正确的有（   ）。
   A. 委托方通常在收到受托方开出的代销清单时确认销售商品收入
   B. 委托方发出商品时应按约定的售价记入"委托代销商品"科目
   C. 受托方应在供销商品销售后按照双方约定的手续费确认劳务收入
   D. 受托方一般应按其与委托方约定的售价总额确认劳务收入

7. 下列各项中，应计入工业企业其他业务收入的有（   ）。
   A. 出售投资性房地产取得的收入
   B. 随同商品出售且单独计价的包装物取得的收入
   C. 股权投资取得的现金股利收入
   D. 经营性租赁固定资产的现金收入

8. 下列各项中，关于收入确认表述正确的有（   ）。
   A. 已确认收入的商品发生销售退回，除属于资产负债表日后事项外，一般应在发生时冲减当期销售收入
   B. 采用支付手续费方式委托代销商品的，应在发出商品时确认收入
   C. 销售商品发生商业折扣的，销售收入应按扣除商业折扣后的金额确认
   D. 对于在某一时点履行的履约义务，在客户取得相关商品控制权时确认收入

9. 取得商品控制权包括的要素有（   ）。
   A. 客户必须拥有现时权利，能够主导该商品的使用并从中获得几乎全部经济利益
   B. 客户有能力主导该商品的使用，即客户在其活动中有权使用该商品，或者能够允许或阻止其他方使用该商品
   C. 客户能够获得商品几乎全部的经济利益
   D. 客户只能在未来的某一期间主导该商品的使用并从中获益
10. 下列各项中，工业企业应确认为其他业务收入的有（   ）。
    A. 对外销售材料收入   B. 出售专利所有权收益
    C. 处置营业用房地产净收益   D. 转让商标使用权收入

帮帮我

项目十　费用的核算

【思政学习心得】

_____

_____

_____

【本项目思维导图】

【学习评价】

一、理论考核

任务1　营业成本

（一）单项选择题

1. 下列各项中，企业结转发出不满足收入确认条件的商品成本应借记的会计科目是（　　）。
  A. 主营业务成本　　B. 发出商品　　C. 其他业务成本　　D. 库存商品
2. 下列各项中，企业应通过"税金及附加"科目核算的是（　　）。
  A. 代扣代交的个人所得税　　　　B. 应交的房产税
  C. 应交的企业所得税　　　　　　D. 应交的增值税
3. 甲企业20×1年相关税费的发生额如下：增值税的销项税额为500万元，进项税额为450万元，销售应税消费品的消费税为50万元，城市维护建设税为7万元，教育费附加为3万元。不考虑其他因素，该企业20×1年"税金及附加"科目借方累计发生额为（　　）万元。
  A. 110　　　　B. 10　　　　C. 60　　　　D. 50

4. 甲企业为增值税一般纳税人，20×0 年应交的各种税金为：增值税 300 万元，消费税 100 万元，城市维护建设税 50 万元，房产税 10 万元，车船税 2 万元，印花税 1 万元，个人所得税 80 万元。上述各项税金中应计入税金及附加的金额为（   ）万元。

  A. 543   B. 243   C. 163   D. 463

5. 下列项目中，属于合同取得成本的是（   ）。

  A. 差旅费   B. 投标费

  C. 销售佣金   D. 为准备投标资料发生的相关费用

6. 某制造企业经营出租其闲置厂房，下列各项中，该厂房计提的折旧应记入的会计科目是（   ）。

  A. 其他业务成本   B. 营业外支出   C. 投资收益   D. 管理费用

7. 下列各项中属于企业"营业成本"科目核算内容的是（   ）。

  A. 委托方委托代销商品支付的手续费

  B. 非房地产开发企业销售厂房交纳的土地增值税

  C. 出售无形资产的净损益

  D. 出租非专利技术发生的摊销额

8. 企业发生的下列各项税费中不应记入"税金及附加"科目的是（   ）。

  A. 自用房产交纳的房产税   B. 销售商品交纳的教育费附加

  C. 销售应税消费品交纳的消费税   D. 处置固定资产交纳的增值税

9. 下列各项中，企业按税法规定交纳的税金应记入"税金及附加"科目核算的是（   ）。

  A. 设立营业账簿交纳的印花税   B. 转让厂房交纳的土地增值税

  C. 进口商品交纳的关税   D. 代扣代交管理人员的个人所得税

10. 下列各项中，应列入利润表税金及附加项目的是（   ）。

  A. 进口原材料应交的关税   B. 购进生产设备应交的增值税

  C. 购入土地使用权交纳的契税   D. 销售自产应税化妆品应交的消费税

（二）多项选择题

1. 下列各项中，不属于合同履约成本的有（   ）。

  A. 为取得合同发生但预期能够收回的增量成本

  B. 为组织和管理企业生产经营发生的但非由客户承担的管理费用

  C. 无法在尚未履行的与已履行（或已部分履行）的履约义务之间区分的支出

  D. 为履行合同发生的非正常消耗的直接材料、直接人工和制造费用

2. 下列各项中，应计入制造业企业其他业务成本的有（   ）。

  A. 经营租出固定资产的折旧额   B. 经营租出无形资产的摊销额

  C. 销售原材料的实际成本   D. 出租包装物的摊销额

3. 下列各项中，关于企业确认相关税费的会计处理，表述错误的有（   ）。

  A. 确认应交城镇土地使用税，借记"管理费用"科目

  B. 确认应交城市维护建设税，借记"税金及附加"科目

  C. 确认应交教育费附加，借记"税金及附加"科目

  D. 确认应交车船税，借记"管理费用"科目

4. 20×0 年 12 月，甲企业当月交纳增值税 50 万元，销售应税消费品交纳消费税 20 万元，经营用房屋交纳房产税 10 万元。甲企业适用的城市维护建设税税率为 7%，教育费附加

为3%，不考虑其他因素。下列各项中，关于甲企业12月份应交纳城市维护建设税和教育费附加的相关会计处理，表述正确的有（　　）。

  A. 借记"税金及附加"科目7万元
  B. 贷记"应交税费——应交教育费附加"科目2.1万元
  C. 贷记"应交税费——应交城市维护税"科目5.6万元
  D. 借记"管理费用"科目7万元

5. 下列各项中，应列入利润表中税金及附加项目的有（　　）。
  A. 销售应税矿产品计提的应交资源税
  B. 经营活动中计提的应交教育费附加
  C. 经营活动中计提的应交城市维护建设税
  D. 销售应税消费品计提的应交消费税

6. 列各项中，属于制造业企业其他业务成本核算内容的有（　　）。
  A. 随同商品出售不单独计价的包装物成本
  B. 出借包装物的摊销额
  C. 随同商品出售单独计价的包装物成本
  D. 出租包装物的摊销额

7. 下列各项中，不应作为合同履约成本确认为资产的有（　　）。
  A. 销售佣金
  B. 投标费
  C. 为履行合同耗用的原材料
  D. 非正常消耗的直接材料、直接人工和制造费用

8. 下列发生的事项中，企业通过"主营业务成本"科目核算的有（　　）。
  A. 工业企业销售产品结转的产品成本
  B. 安装公司提供安装服务发生的支出
  C. 工业企业出租固定资产计提的折旧
  D. 工业企业结转的随同商品出售单独计价的包装物的成本

9. 下列各项中，工业企业应通过"其他业务成本"科目核算的有（　　）。
  A. 结转销售商品成本   B. 出租包装物的摊销额
  C. 出租无形资产的摊销额 D. 出售闲置原材料的成本

10. 下列各项中，通过"税金及附加"科目核算的有（　　）。
  A. 委托加工物资受托方代收代交的消费税 B. 企业交纳的印花税
  C. 销售应税矿产品应交的资源税 D. 销售应税消费品交纳的消费税

（三）判断题

1. 企业生产车间发生的固定资产日常修理费，应通过"制造费用"科目核算。（　　）
2. 费用包括企业日常活动中所产生的经济利益的总流出。（　　）

任务2　期间费用

（一）单项选择题

1. 在采用支付手续费委托代销的方式下，下列各项中，委托方在收到受托方开出的代销清单时，应将支付的代销手续费记入（　　）科目。

A. 销售费用 B. 财务费用
  C. 其他业务成本 D. 管理费用
2. 下列人员的工资薪金直接计入期间费用的是（　　）。
  A. 工程人员的工资 B. 为履行合同而提供服务人员的工资
  C. 生产车间管理人员的工资 D. 销售人员的工资
3. 下列各项中，不应计入财务费用的是（　　）。
  A. 支付的银行承兑汇票手续费 B. 销售商品的现金折扣
  C. 支付的发行股票手续费 D. 经营期间确认的短期借款利息费用
4. 下列各项中，不应列入利润表中财务费用项目的是（　　）。
  A. 计提的短期借款利息支出 B. 筹建期间发生的开办费
  C. 销售商品发生的现金折扣 D. 经营活动中支付银行借款的手续费
5. 下列各项中，不应在企业"销售费用"科目核算的是（　　）。
  A. 专设的销售机构的职工薪酬
  B. 随同商品出售单独计价的包装物成本
  C. 预计产品质量保证金
  D. 企业发生的与专设销售机构相关的固定资产修理费用等后续支出

（二）多项选择题
1. 下列各项中，制造业企业销售商品时发生的支出，应通过"销售费用"科目核算的有（　　）。
  A. 装卸费 B. 保险费
  C. 包装费 D. 代垫运费
2. 下列各项中，企业应计入销售费用的有（　　）。
  A. 随同商品销售不单独计价的包装物成本 B. 销售过程中代客户垫付的运输费
  C. 预计产品质量保证损失 D. 已售商品的成本
3. 下列各项中，应计入期间费用的有（　　）。
  A. 销售商品后发生的销售退回 B. 销售商品发生的售后服务费
  C. 销售商品发生的商业折扣 D. 委托代销商品支付的手续费
4. 下列各项中，应计入企业管理费用的有（　　）。
  A. 董事会成员的公务差旅费 B. 聘请会计师事务所的咨询费
  C. 行政管理部门的办公费 D. 计提销售商品预计产品质量保证损失
5. 下列各项中，应通过"销售费用"科目核算的有（　　）。
  A. 商品维修费 B. 销售部门的固定资产维修费
  C. 支付的代销手续费 D. 发生的宣传费
6. 下列各项中，不属于企业"财务费用"科目核算内容的有（　　）。
  A. 满足资本化条件的利息支出
  B. 筹建期间不符合资本化条件的利息支出
  C. 支付银行承兑汇票的手续费
  D. 购买商品享受的现金折扣

（三）判断题
1. 费用包括成本费用和期间费用，成本费用计入有关核算对象的成本，而期间费用直

接计入当期损益。（　　）
  2. 随同商品出售不单独计价的包装物的成本应记入"销售费用"科目核算。（　　）
  3. 企业发生的固定资产修理费应在发生时计入管理费用。（　　）
  4. 企业发生或收到的现金折扣都通过"财务费用"科目核算。（　　）
  5. 失业保险费应全部计入管理费用。（　　）
  6. 企业向银行或其他金融机构借入的各种款项所发生的利息均应计入财务费用。（　　）
  7. 企业发生的借款利息费用均应计入财务费用。（　　）

二、技能考核

任务单

项目名称	任务内容清单
任务情境	甲企业7月发生如下经济业务： （1）结算管理人员工资8 000元，其中，厂部管理人员工资3 000元，销售部门人员工资5 000元。 （2）计提职工社会保险费800元，其中，厂部管理人员300元，销售人员500元。 （3）计提固定资产折旧费1 400元，其中，管理部门固定资产折旧600元，销售部门固定资产折旧800元。 （4）以银行存款支付厂部办公费1 200元。 （5）以库存现金支付机动车修理费400元。 （6）以银行存款支付下半年报纸杂志费480元。 （7）以银行存款支付产品广告费1500元。 （8）以银行存款支付借款利息900元。 （9）以银行存款支付水电费2 400元，其中，办公室500元，销售部门1 900元。 （10）以银行存款支付房租3 000元，其中，办公用房租金1 000元，车间生产用房租金2 000元。
任务目标	掌握费用业务的核算方法。
任务要求	请你根据任务情境，学习费用业务的核算方法，完成上述业务的会计处理。
任务思考	

亮闪闪

实训目标：掌握记账凭证的编制方法。
实训组织：学生分组讨论问题。
实训成果：各组展示，教师讲评。
实训资料：详细资料如图 10-1 和图 10-2 所示。

图 10-1 付款凭证

记 账 凭 证

年　月　日　　　　　字第　号

摘要	总账科目	明细账科目	借方金额	贷方金额	√
			亿千百十万千百十元角分	亿千百十万千百十元角分	
	合	计			

会计主管：　　　记账：　　　出纳：　　　复核：　　　制单：

图 10-2 记账凭证

考考你

基本信息	姓名		学号		班级		组别		备注	
	规定时间		完成时间		考核日期		总评成绩			

1. 企业发生的广告费应计入（　　）。
   A. 销售费用　　　　B. 管理费用　　　　C. 营业外支出　　　　D. 所得税费用
2. 下列各项中，不应计入企业管理费用的是（　　）。
   A. 计提的生产车间职工养老保险费　　　B. 发生的内部控制建设咨询费用
   C. 应向董事会成员支付的津贴　　　　　D. 发生的会计师事务所审计费
3. 下列各项中，企业不应确认为管理费用的是（　　）。
   A. 计提的行政管理人员住房公积金　　　B. 计提的应付行政管理人员的福利费
   C. 代垫的行政管理人员的医药费　　　　D. 计提的行政管理人员的社会保险费
4. 下列各项中，应列入利润表管理费用项目的是（　　）。
   A. 计提的应收款项的减值准备　　　　　B. 出租厂房的摊销额
   C. 支付中介机构的咨询费　　　　　　　D. 转让专利技术所有权的净损失
5. 下列各项中，属于企业发生的损失的是（　　）。
   A. 企业外币应收账款的汇兑损失　　　　B. 企业管理不善引起的存货盘亏损失
   C. 企业支付的税收滞纳金　　　　　　　D. 企业预计产品质量保证损失
6. 下列各项中，应计入财务费用的有（　　）。
   A. 银行承兑汇票手续费　　　　　　　　B. 购买交易性金融资产手续费
   C. 外币应收账款汇兑损失　　　　　　　D. 商业汇票贴现发生的贴现息
7. 下列各项中，应计入管理费用的有（　　）。
   A. 银行承兑汇票手续费　　　　　　　　B. 支付的广告费
   C. 支付的审计费　　　　　　　　　　　D. 支付的咨询费
8. 下列各项中，应计入管理费用的有（　　）。
   A. 企业生产车间和行政管理部门发生的固定资产修理费用
   B. 企业行政管理部门的办公费
   C. 企业专设销售机构的业务费
   D. 企业支付的年度财务报告审计费
9. 下列各项中，关于管理费用的会计处理，表述正确的有（　　）。
   A. 无法查明原因的现金短缺应计入管理费用
   B. 转销确实无法支付的应付账款应冲减管理费用
   C. 行政管理部门负担的工会经费应计入管理费用
   D. 企业在筹建期间发生的开办费应计入管理费用
10. 下列各项中，应通过"管理费用"科目核算的有（　　）。
    A. 支付的企业年度财务报告审计费　　　B. 支付的咨询费
    C. 支付的广告费　　　　　　　　　　　D. 发生的罚款支出

帮帮我

_____
_____
_____
_____
_____
_____

项目十一 利润业务核算

【思政学习心得】

【本项目思维导图】

【学习评价】

一、理论考核

（一）单项选择题

1. 20×1 年 12 月 20 日，甲企业销售商品开出的增值税专用发票上注明的价款为 100 万元，增值税为 13 万元，全部款项已收存银行。该商品的成本为 90 万元，并结转相应的存货跌价准备金额为 5 万元。不考虑其他因素，该业务使企业当年 12 月营业利润增加（　　）万元。
   A. 28　　　　　　　B. 10　　　　　　　C. 15　　　　　　　D. 5

2. 下列各项中，影响企业当期营业利润的是（　　）。
   A. 毁损报废房屋的净损失
   B. 台风导致原材料毁损的净损失
   C. 向灾区捐赠商品的成本
   D. 对外出租设备的折旧费

3. 某企业出售一项固定资产收回的价款为 80 万元，该资产原价为 100 万元，已计提折旧 60 万元，计提减值准备 5 万元，发生处置清理费用 5 万元，不考虑其他因素，出售该资产对当期利润总额的影响金额为（　　）万元。
   A. 40　　　　　　　B. 80　　　　　　　C. 50　　　　　　　D. 35

4. 20×0 年 3 月，某企业开始自行研发一项非专利技术，至 20×0 年 12 月 31 日研发成功并达到预定可使用状态，累计研究支出为 100 万元，累计开发支出为 300 万元（其中符合资本化条件的支出为 280 万元）。该项非专利技术使用寿命不能合理确定，假定不考虑其他因素，该业务会导致企业 20×0 年度利润总额减少（   ）万元。

  A. 120   B. 400   C. 380   D. 300

5. 企业发生的下列交易或事项不会影响当期利润总额的是（   ）。

  A. 出售存货结转的成本   B. 固定资产盘盈

  C. 捐赠利得   D. 计提无形资产减值准备

6. 甲公司 20×0 年度营业收入 5 020 万元，营业成本 3 500 万元，税金及附加 120 万元，期间费用合计 320 万元，信用减值损失 10 万元，资产减值损失 40 万元，营业外收入 100 万元，营业外支出 10 万元（其中行政罚款 2 万元），适用的企业所得税税率为 25%。假定不考虑其他因素，则甲公司应当确认的所得税费用为（   ）万元。

  A. 280.5   B. 281   C. 257.5   D. 258

7. 甲企业本期营业收入 1 000 万元，营业成本 800 万元，管理费用 20 万元，销售费用 35 万元，资产减值损失 40 万元，投资收益 45 万元，营业外收入 15 万元，营业外支出 10 万元，所得税费用 32 万元。假定不考虑其他因素，该企业本期营业利润为（   ）万元。

  A. 123   B. 200   C. 150   D. 155

8. 甲企业 20×1 年度税前利润为 20 000 万元，其中本年国债利息收入 120 万元，税收滞纳金 20 万元，企业所得税税率为 25%。假定不考虑其他因素，该企业 20×1 年度所得税费用为（   ）万元。

  A. 465   B. 470   C. 475   D. 500

9. 甲工业企业适用的所得税税率为 25%，20×1 年度主营业务收入为 10 000 万元，主营业务成本为 6 000 万元，其他业务收入为 80 万元，其他业务成本为 40 万元，管理费用为 100 万元（全部为职工薪酬，税法规定的计税工资为 80 万元），财务费用为 20 万元，营业外收入为 40 万元，营业外支出为 10 万元（其中 5 万元属于支付的税收滞纳金，税法规定，计算所得税时，税收滞纳金不允许扣除）。假定不考虑其他因素，该企业 20×1 年度的净利润应为（   ）万元。

  A. 922.5   B. 992.5   C. 987.5   D. 2 956.25

10. 下列交易或事项中，不应确认为营业外支出的是（   ）。

  A. 公益性捐赠支出   B. 无形资产出售净损失

  C. 固定资产盘亏净损失   D. 台风造成的原材料净损失

11. 下列各项中，影响企业当期营业利润的有（   ）。

  A. 生产车间使用的固定资产的日常修理费用

  B. 计提的车间机器设备减值损失

  C. 出租机器设备取得的收入

  D. 车间使用固定资产的折旧费

12. 下列各项中，影响企业当期营业利润的有（   ）。

  A. 所得税费用   B. 固定资产减值损失

  C. 销售商品收入   D. 交易性金融资产公允价值变动收益

13. 下列各项中，不影响企业当期营业利润的有（   ）。

  A. 无法查明原因的现金短缺   B. 捐赠支出

  C. 固定资产因自然灾害发生的毁损净损失   D. 支付的合同违约金

（二）多项选择题

1. 下列各项中，不属于企业资产负债表"所有者权益"项目的有（　　）。
   A. 库存股
   B. 公允价值变动收益
   C. 每股收益
   D. 其他综合收益

2. 资产负债表中的"应收账款"项目应根据（　　）填列。
   A. 应收账款所属明细账借方余额合计
   B. 预收账款所属明细账借方余额合计
   C. 与应收账款有关的"坏账准备"科目的贷方余额
   D. 应收账款"总账"科目借方余额

3. 下列各项中，应列入资产负债表"应收账款"项目的有（　　）。
   A. 预付职工差旅费
   B. 代购货单位垫付的运杂费
   C. 销售产品应收取的款项
   D. 对外提供服务应收取的款项

4. 资产负债表中的"存货"项目包括（　　）。
   A. 生产成本
   B. 存货跌价准备
   C. 发出商品
   D. 制造费用

5. 下列会计科目中，期末余额应列入资产负债表"存货"项目的有（　　）。
   A. 库存商品
   B. 材料成本差异
   C. 生产成本
   D. 委托加工物资

6. 下列各项中，应在资产负债表"预付款项"项目列示的有（　　）。
   A. "应付账款"科目所属明细账科目的期末借方余额
   B. "应付账款"科目所属明细账科目的期末贷方余额
   C. "预付账款"科目所属明细账科目的期末借方余额
   D. "预付账款"科目所属明细账科目的期末贷方余额

7. 下列各项中，应列入资产负债表"其他应付款"项目的有（　　）。
   A. 计提的短期借款利息
   B. 计提的一次还本付息的债券利息
   C. 计提的分期付息到期还本的债券利息
   D. 计提的分期付息到期还本的长期借款利息

8. 下列各项中，可以根据总账账户期末余额直接填列的资产负债表项目有（　　）。
   A. 其他应付款
   B. 货币资金
   C. 资本公积
   D. 短期借款

9. 下列资产负债表项目中，应根据有关科目余额减去备抵科目余额后的净额填列的有（　　）。
   A. 一年内到期的非流动资产
   B. 无形资产
   C. 短期借款
   D. 长期股权投资

10. 下列各项中，应根据总账科目和明细科目余额分析计算填列的有（　　）。
    A. 长期借款
    B. 应付债券
    C. 预收款项
    D. 其他非流动资产

11. 下列各项中，应列入资产负债表"应付职工薪酬"项目的有（　　）。
    A. 支付临时工的工资
    B. 发放困难职工的补助金
    C. 交纳职工的工伤保险费
    D. 支付辞退职工的经济补偿金

12. 下列各项中，应列入利润表"营业成本"项目的有（　　）。
    A. 销售材料成本　　　　　　　　B. 无形资产出售净损失
    C. 固定资产盘亏净损失　　　　　D. 经营出租固定资产折旧费
13. 下列各项中，应列入利润表"资产减值损失"项目的有（　　）。
    A. 原材料盘亏损失　　　　　　　B. 固定资产减值损失
    C. 长期股权投资减值损失　　　　D. 无形资产转让净损失
14. 下列各项中，应在"税金及附加"项目填列的有（　　）。
    A. 城市维护建设税　　　　　　　B. 土地增值税
    C. 印花税　　　　　　　　　　　D. 房产税

（三）判断题
1. 资产负债表是反映企业在某一特定日期财务状况的报表。（　　）
2. "交易性金融资产"项目应根据"交易性金融资产"总账科目余额填列。（　　）
3. 如果"生产成本""制造费用"科目存在期末余额，则应在资产负债表"存货"项目下列示。（　　）
4. 资产负债表中"预付款项"项目应根据"应付账款"和"预付账款"所属各明细科目期末借方余额合计减去"坏账准备"科目中有关预付账款计提的坏账准备期末余额后的净额填列。（　　）
5. "应收票据"项目应根据"应收票据"科目的期末余额填列。（　　）
6. "预付账款"科目所属各明细科目期末有贷方余额的，应在资产负债表"预付款项"项目以负数填列。（　　）
7. 资产负债表中的"其他应收款"项目填列时，应直接根据"其他应收款"科目余额填列。（　　）
8. "无形资产"项目，应根据"无形资产"科目期末余额减去"累计摊销"科目余额后的净额填列。（　　）
9. "开发支出"项目应根据"研发支出"科目中所属的"费用化支出"明细科目期末余额填列。（　　）
10. "短期借款"项目应根据"短期借款"和"应付利息"总账科目余额合计填列。（　　）
11. 资产负债表中"长期借款"项目直接根据长期借款"总账"科目余额填列。（　　）
12. 利润表中"税金及附加"项目包括增值税。（　　）
13. "投资收益"项目，反映企业以各种方式对外投资所取得的收益。本项目应根据"投资收益"科目发生额分析填列。如为投资损失，本项目以"－"号填列。（　　）
14. "利润分配"总账的年末余额与相应的资产负债表中"未分配利润"项目的数额一致。（　　）
15. 利润表是反映企业在一定会计期间内经营成果的报表。（　　）
16. 利润表各项目均需填列"本期金额"和"上期金额"两栏。其中"上期金额"栏内各项数字，应根据上年该期利润表的"本期金额"栏内所列数字填列。（　　）
17. 购买商品支付货款取得的现金折扣列入利润表"财务费用"项目。（　　）

二、技能考核

任务单

任务1

项目名称	任务内容清单
任务情境	1. 甲公司11月30日有关损益类账户总分类账的累计额资料如表11-1所示。 表11-1　账户累计额资料　　　　　　　　　　元 | 账户名称	借方累计额	贷方累计额 | |---|---|---| | 主营业务收入 | | 500 000 | | 主营业务成本 | 375 000 | | | 其他业务收入 | | 6 000 | | 其他业务成本 | 3 500 | | | 销售费用 | 25 000 | | | 管理费用 | 3 000 | | | 财务费用 | 2 000 | | | 营业外收入 | | 4 000 | | 营业外支出 | 1 500 | | 2. "利润分配"账户借方余额39 515元。 3. 该公司12月份发生以下收支经济业务： （1）出售产品一批，售价为50 000元，按13%的税率计算增值税。货款收到，存入银行。 （2）按出售产品的实际成本35 000元转账。 （3）以库存现金支付产品销售过程中的运杂费、包装费500元。 （4）以银行存款支付公司办公费300元。 （5）以银行存款支付银行借款利息2 200元。 （6）以银行存款支付违约罚金500元。 （7）没收公司逾期未还包装物的押金300元。 4. 计算、结转和分配利润。 （1）根据资料3，将12月份各损益账户余额转入"本年利润"账户。 （2）按12月份利润总额的25%计算应交所得税。 （3）将12月份利润净额转入"利润分配"账户。 （4）按12月份利润净额的10%计提法定盈余公积。 （5）按12月份利润净额的15%计提任意盈余公积。 （6）按12月份利润净额的10%计算应付投资者利润。
任务目标	掌握利润和利润分配业务的核算方法。

续表

项目名称	任务内容清单
任务要求	请你根据任务情境，学习利润和利润分配业务的核算方法，完成上述业务的会计处理。
任务思考	

任务 2

项目名称	任务内容清单
任务情境	甲公司 6 月发生的有关销售业务如下： 1. 向乙公司出售 A 产品 400 件，每件售价 60 元，增值税税率为 13%，货款已收到，存入银行。 2. 向丙公司出售 B 产品 300 件，每件 150 元，增值税税率为 13%，货款尚未收到。 3. 按出售两种产品的实际销售成本转账（A 产品单位成本为 35 元，B 产品单位成本为 105 元）。 4. 以银行存款支付上述 A、B 两种产品在销售过程中的运输费 800 元。 5. 结算本月销售机构职工工资 1 000 元，应付职工社会保险费 100 元。 6. 向丁公司出售甲材料 100 千克，单价 10 元，增值税税率 13%，货款未收到。 7. 按出售甲材料的实际成本转账（单位成本为 8 元）。
任务目标	掌握利润业务的核算方法。
任务要求	请你根据任务情境，学习利润业务的核算方法，完成上述业务中营业利润的核算。
任务思考	

亮闪闪

实训目标：掌握利润的计算方法以及本年利润结转和利润分配凭证的编制方法。

实训组织：学生分组讨论问题。

实训成果：各组展示，教师讲评。

实训资料：武汉万通制造有限公司适用的企业所得税税率为25%，2020年12月利润表的情况如表11-2所示，其中主营业务收入5 670万元，其他业务收入2 430万元，主营业务成本3 150万元，其他业务成本1 350万元。相关会计处理与税法规定存在的差异事项为：当月支付税收滞纳金5万元，取得国债利息收入7万元。

经股东大会批准，武汉万通制造有限公司2020年度按净利润的10%计提法定盈余公积和任意盈余公积，按净利润的20%发放现金股利。

表11-2 利润表

编制单位：武汉万通制造有限公司　　　　2020年12月　　　　单位：万元

项目	行次	本期发生额（略）	本期累计发生额
一、营业收入	1		8 100
减：营业成本	2		4 500
税金及附加	3		500
销售费用	4		400
管理费用	5		400
研发费用	6		
财务费用	7		350
信用减值损失	8		
资产减值损失	9		250
加：其他收益	10		
投资收益（损失以"-"号填列）	11		
公允价值变动收益（损失以"-"号填列）	12		
资产处置收益（损失以"-"号填列）	13		
二、营业利润（亏损以"-"号填列）	14		
加：营业外收入	15		150
减：营业外支出	16		50
三、利润总额（亏损总额以"-"号填列）	17		
减：所得税费用	18		
四、净利润（净亏损以"-"号填列）	19		
五、其他综合收益的税后净额	20		
六、综合收益总额	21		
七、每股收益	22		
（一）基本每股收益	23		
（二）稀释每股收益	24		

1. 请根据题意和表 11-2 中已知数据，填写表 11-3 所得税计算表，并编制计提所得税费用的记账凭证，如图 11-1 所示。

表 11-3 所得税计算表

年   月   日

税前会计利润	
应纳税所得额	
所得税税率	
本期应交所得税	
本期所得税费用	

记 账 凭 证

年   月   日   字第   号

摘 要	总账科目	明细账科目	借方金额 亿千百十万千百十元角分	贷方金额 亿千百十万千百十元角分	√
合 计					

会计主管：   记账：   出纳：   复核：   制单：

图 11-1 记账凭证

2. 请计算表 11-2 利润表中"营业利润""利润总额""所得税费用""净利润"项目对应的"本期累计发生额"，并填写完整。

3. 请利用表结法编制 2020 年 12 月损益类账户结转凭证，如图 11-2~图 11-5 所示。

记 账 凭 证

年   月   日   字第   号

摘 要	总账科目	明细账科目	借方金额 亿千百十万千百十元角分	贷方金额 亿千百十万千百十元角分	√
合 计					

会计主管：   记账：   出纳：   复核：   制单：

图 11-2 记账凭证

图 11-3 记账凭证

图 11-4 记账凭证

图 11-5 记账凭证

4. 请根据题意，填写表 11-4 利润分配计算表，编制 2020 年 12 月的利润分配记账凭证，如图 11-6 和图 11-7 所示，并将"利润分配"其他明细账户余额转至"未分配利润"明细账户。

表 11-4　利润分配计算表

年　月　日

利润分配项目	分配比例/%	分配额/万元
提取法定盈余公积	10	
提取任意盈余公积	10	
对外分配利润	20	

图 11-6　记账凭证

图 11-7　记账凭证

考考你

基本信息	姓名		学号		班级		组别		备注	
	规定时间		完成时间		考核日期		总评成绩			

1. 下列各项中，影响企业营业利润的有（　　）。
   A. 销售商品发生的展览费　　　　B. 出售包装物取得的收入
   C. 出售固定资产的净损失　　　　D. 确认的固定资产减值损失
2. 下列各项中，不应计入营业外支出的有（　　）。
   A. 自然灾害造成的原材料净损失　B. 因材料陈旧而计提的减值损失
   C. 相关人员赔偿的原材料损失　　D. 因计量差错引起的原材料盘亏
3. 下列各项中，影响当期利润表中利润总额的有（　　）。
   A. 固定资产盘盈　　　　　　　　B. 所得税费用
   C. 对外捐赠固定资产　　　　　　D. 出售无形资产的净收益
4. 下列各项中，既影响营业利润又影响利润总额的业务有（　　）。
   A. 计提坏账准备　　　　　　　　B. 对外捐赠固定资产
   C. 计提所得税费用　　　　　　　D. 出售交易性金融资产的收益
5. 下列各项中，影响企业营业利润的有（　　）。
   A. 出售原材料结转成本　　　　　B. 计提无形资产减值准备
   C. 捐赠支出　　　　　　　　　　D. 出售交易性金融资产损失
6. 下列各项中，应计入营业外收入的有（　　）。
   A. 无法查明原因的现金溢余　　　B. 接受捐赠利得
   C. 固定资产盘盈利得　　　　　　D. 非流动资产毁损报废收益
7. 下列各项中，制造业企业应计入其他业务成本的有（　　）。
   A. 销售外购原材料结转的成本
   B. 出租无形资产计提的摊销额
   C. 结转随同商品出售不单独计价的包装物的实际成本
   D. 对外进行公益性捐赠发生的支出
8. 下列各项中，应列入利润表"资产处置收益"项目的有（　　）。
   A. 出售原材料取得的净收入　　　B. 出售专利权取得的收益
   C. 出售包装物取得的净收入　　　D. 出售生产设备取得的收益
9. 下列各项中，关于利润表项目本期金额填列方法表述正确的有（　　）。
   A. "营业成本"项目应根据"主营业务成本"和"其他业务成本"科目的本期发生额分析填列
   B. "营业利润"项目应根据"本年利润"科目的本期发生额减去"管理费用"科目下的"研发费用""无形资产摊销"明细科目发生额分析填列
   C. "税金及附加"项目应根据"应交税费"科目的本期发生额分析填列
   D. "营业收入"项目应根据"主营业务收入"和"其他业务收入"科目的本期发生额分析填列

10. 下列各项中，能同时引起资产和利润总额减少的项目有（　　）。
    A. 计提短期借款的利息
    B. 计提行政管理部门固定资产折旧
    C. 支付业务招待费
    D. 管理部门无形资产摊销

帮帮我

项目十二 财务报告

【思政学习心得】

_____

_____

_____

【本项目思维导图】

【学习评价】

一、理论考核

任务 1 资产负债表

（一）单项选择题

1. "预付账款"科目明细账如有贷方余额，应将其计入资产负债表的（   ）项目。
   A. 应收账款　　　　B. 预收账款　　　　C. 应付账款　　　　D. 预付账款
2. 下列项目中，属于资产负债表"流动负债"项目的是（   ）。
   A. 长期借款　　　　　　　　　　　　　B. 预计负债
   C. 应付股利　　　　　　　　　　　　　D. 应付债券
3. "长期待摊费用"科目如有将于一年内到期的部分，应在资产负债表中的（   ）项目内反映。
   A. 长期待摊费用　　　　　　　　　　　B. 一年内到期的非流动资产
   C. 长期应收款　　　　　　　　　　　　D. 其他流动资产
4. 甲企业在会计期末"原材料"科目借方余额 500 万元，"生产成本"科目为借方余额 100 万元，"委托加工物资"科目为借方余额 200 万元，"材料采购"科目为借方余额 300 万元，"材料成本差异"科目为借方余额 50 万元，"存货跌价准备"科目为贷方余额 30 万元，则该企业期末资产负债表"存货"项目的金额为（　　）万元。

A. 920　　　　　B. 1 120　　　　　C. 1 020　　　　　D. 1 180

5. 甲企业在会计期末固定资产账户余额为2 000万元，累计折旧账户余额为800万元，固定资产减值准备账户余额为10万元，在建工程账户余额为200万元，该企业期末资产负债表中"固定资产"项目的金额为（　　）万元。

A. 1 200　　　　　B. 1 390　　　　　C. 1 190　　　　　D. 2 200

6. 某企业"应付账款"科目月末贷方余额4万元，其中，"应付甲公司账款"明细科目贷方余额3.5万元，"应付乙公司账款"明细科目贷方余额0.5万元；"预付账款"科目月末贷方余额3万元，其中，"预付A工厂账款"明细科目贷方余额5万元，"预付B工厂账款"明细科目借方余额2万元。该企业期末资产负债表中"应付账款"项目的金额为（　　）万元。

A. 9　　　　　B. 3　　　　　C. 4　　　　　D. 7

7. 下列资产负债表项目，可直接根据有关总账余额填列的是（　　）。

A. 货币资金　　　　　B. 短期借款
C. 存货　　　　　D. 应收账款

8. 下列项目中，属于资产负债表中"非流动资产"项目的是（　　）。

A. 应收股利　　　　　B. 存货
C. 工程物资　　　　　D. 在建工程

9. 下列各项中，应列入企业资产负债表"非流动负债"项目的是（　　）。

A. 一年内到期的非流动负债　　　　　B. 递延收益
C. 应付票据　　　　　D. 合同负债

10. 20×1年12月31日，某公司"应收票据"总账科目借方余额为100万元，与应收账款有关的"坏账准备"明细科目贷方余额为10万元，与应收票据有关的"坏账准备"明细科目贷方余额为5万元。不考虑其他因素，20×1年12月31日，该公司资产负债表中"应收票据"项目的金额为（　　）万元。

A. 100　　　　　B. 90　　　　　C. 95　　　　　D. 85

11. 20×1年12月31日，某企业"无形资产"账户借方余额为500万元，"累计摊销"账户贷方余额为200万元，"无形资产减值准备"账户贷方余额为100万元。不考虑其他因素，该企业20×1年12月31日资产负债表中"无形资产"项目的金额为（　　）万元。

A. 500　　　　　B. 300　　　　　C. 400　　　　　D. 200

12. 20×1年10月31日，某企业"生产成本"科目借方余额50 000元，"原材料"科目借方余额30 000元，"材料成本差异"科目贷方余额500元，"发出商品"科目借方余额40 000元，"受托代销商品"科目借方余额35 000元，"受托代销商品"科目贷方余额35 000元，"工程物资"科目借方余额10 000元，"存货跌价准备"科目贷方余额3 000元。不考虑其他因素，20×1年10月31日该企业资产负债表"存货"项目的金额为（　　）元。

A. 116 500　　　　　B. 117 500　　　　　C. 119 500　　　　　D. 126 500

13. 20×1年年末，甲企业"发出商品"科目借方余额为2 600万元，"原材料"科目借方余额为3 000万元，"材料成本差异"科目借方余额为300万元，"存货跌价准备"科目贷方余额为200万元。不考虑其他因素，该企业20×1年年末资产负债表中"存货"项目的金额为（　　）万元。

A. 8 100　　　　　B. 8 700　　　　　C. 5 700　　　　　D. 5 100

14. 甲企业"材料采购"科目借方余额 50 000 元,"委托加工物资"科目借方余额 30 000 元,"材料成本差异"科目借方余额 500 元,"原材料"科目借方余额 40 000 元,"周转材料"科目借方余额 10 000 元,"存货跌价准备"科目贷方余额 3 000 元。不考虑其他因素,20×1 年 10 月 31 日甲企业资产负债表"存货"项目的金额为(   )元。
  A. 116 500   B. 126 500   C. 119 500   D. 127 500
15. 资产负债表中,根据总账科目余额与明细科目余额分析计算填列的是(   )。
  A. 开发支出   B. 长期借款
  C. 资本公积   D. 应付账款

(二)多项选择题
1. 下列账户余额,在编制资产负债表时应列入"存货"项目的有(   )。
  A. 在途物资 B. 工程物资 C. 消耗性生物资产
  D. 委托加工物资 E. 生产成本
2. 资产负债表中的应付账款项目应根据(   )填列。
  A. 应付账款所属明细账贷方余额合计
  B. 预付账款所属明细账贷方余额合计
  C. 应付账款总账余额
  D. 应付账款所属明细账款借方余额合计
3. 资产负债表中"货币资金"项目应根据(   )账户的期末余额填列。
  A. 应收账款 B. 库存现金 C. 银行存款
  D. 其他货币资金 E. 应收利息
4. 资产负债表中"应收账款"项目的期末数包括(   )。
  A. "应收账款"账户所属明细账户的期末借方余额
  B. "预收账款"账户所属明细账户的期末借方余额
  C. "其他应收账"账户所属明细账户的期末借方余额
  D. "预付账款"账户所属明细账户的期末借方余额
  E. "应付账款"账户所属明细账户的期末借方余额
5. 下列科目的期末余额在资产负债表中反映时,应考虑已计提的减值或损失的有(   )。
  A. 应付账款   B. 预付账款
  C. 其他应收款   D. 无形资产
6. 资产负债表中的"应付账款"项目应根据(   )填列。
  A. 应付账款所属明细账贷方余额合计 B. 预付账款所属明细账贷方余额合计
  C. 应付账款总账余额   D. 应付账款所属明细账借方余额合计
7. 下列资产中,属于流动资产的有(   )。
  A. 交易性金融资产   B. 一年内到期的非流动资产
  C. 货币资金   D. 开发支出
8. 下列各项中,可以通过资产负债表反映的有(   )。
  A. 某一时点的财务状况   B. 某一时点的偿债能力
  C. 某一期间的经营成果   D. 某一期间的获利能力

9. 下列各项中，在资产负债表中"非流动资产"项目下列示的有（　　）。
   A. 其他应收款　　　B. 工程物资　　　C. 开发支出　　　D. 商誉
10. 下列各项中，属于资产负债表"流动资产"项目的有（　　）。
    A. 合同资产　　　　　　　　　B. 一年内到期的非流动资产
    C. 应收利息　　　　　　　　　D. 商誉
11. 下列各项中，属于资产负债表"流动资产"项目的有（　　）。
    A. 存货　　　　　　　　　　　B. 长期待摊费用
    C. 交易性金融资产　　　　　　D. 可供出售金融资产
12. 下列资产减值准备相关科目余额中，不在资产负债表上单独列示的有（　　）。
    A. 长期股权投资减值准备　　　B. 存货跌价准备
    C. 坏账准备　　　　　　　　　D. 固定资产减值准备
13. 下列关于我国企业资产负债表的表述，正确的有（　　）。
    A. 资产项目按照重要性排列
    B. 资产项目按照流动性大小排列
    C. 负债项目按照清偿时间的先后顺序排列
    D. 资产负债表的编制依据是"资产=负债+所有者权益"
14. 下列资产负债表项目中，根据总账科目余额填列的有（　　）。
    A. 货币资金　　　B. 固定资产　　　C. 短期借款　　　D. 应付账款
15. 下列选项中，以会计等式"资产=负债+所有者权益"为依据的有（　　）。
    A. 资产负债表的编制　　　　　B. 利润表的编制
    C. 余额试算平衡　　　　　　　D. 发生额试算平衡
16. 下列各项中，应在资产负债表"应收账款"项目列示的有（　　）。
    A. "预付账款"科目所属明细科目的借方余额
    B. "预付账款"科目所属明细科目的贷方余额
    C. "应收账款"科目的期末余额
    D. 计提的有关应收账款"坏账准备"科目余额
17. 下列资产负债表项目中，属于应根据有关科目余额减去备抵科目余额后的净额填列的有（　　）。
    A. 货币资金　　　　　　　　　B. 无形资产
    C. 应收账款　　　　　　　　　D. 长期股权投资

（三）**判断题**

1. 资产负债表中的资产应分别由流动资产和非流动资产项目列示，非流动资产在前，流动资产在后。（　　）
2. 企业对于尚未确认收入的发出商品，应将其作为企业的存货，在资产负债表的"存货"项目中反映。（　　）
3. 如"预付账款"账户所属有关明细账账户期末有贷方余额，应在资产负债表"应付账款"项目内列示。（　　）
4. 在编制资产负债表时，"预收账款"应根据"预收账款"和"应收账款"所属明细科目的期末贷方余额合计数填列。（　　）
5. 我国资产负债表的格式采用账户式结构。（　　）
6. "开发支出"项目应根据"研发支出"科目中所属的"费用化支出"明细科目期末

余额填列。（　　）

7. 一套完整的财务报表至少应当包括资产负债表、利润表、现金流量表、所有者权益（或股东权益）变动表，不包括附注。（　　）

8. 所有者权益，是指企业资产扣除负债后的剩余权益，反映企业某一会计期间股东（投资者）拥有的净资产的总额。（　　）

9. 资产负债表中的"长期待摊费用"项目应根据总账余额直接填列。（　　）

10. 甲企业20×1年6月30日从银行借入期限为3年的长期借款500万元，编制20×1年12月31日的资产负债表时，此项借款应填入的报表项目是长期借款。（　　）

任务2　利润表

（一）单项选择题

1. 出租无形资产使用权取得的收益，在利润表中应列入（　　）。
   A. "营业收入"项目　　　　　　B. "公允价值变动收益"项目
   C. "投资收益"项目　　　　　　D. "营业外收入"项目

2. 利润表中，需要根据多个总账账户的发生额汇总填列的项目是（　　）。
   A. "营业收入"项目　　　　　　B. "管理费用"项目
   C. "税金及附加"项目　　　　　D. "投资收益"项目

3. 属于营业利润组成部分的有（　　）。
   A. 营业收入　　　　　　　　　B. 管理费用
   C. 营业外收入　　　　　　　　D. 税金及附加

4. 下列与企业（一般纳税人）损益无关的税金是（　　）。
   A. 所得税　　　B. 消费税　　　C. 印花税　　　D. 增值税

5. 甲企业20×1年12月31日"主营业务收入"科目贷方发生额为5 000万元，借方发生额为200万元（为11月份销货退回），"其他业务收入"科目为贷方发生额为500万元，则该企业12月份的利润表中"营业收入"项目应填列的金额为（　　）万元。
   A. 5 500　　　B. 5 000　　　C. 4 800　　　D. 5 300

6. 下列各项中，不影响企业当期营业利润的是（　　）。
   A. 销售原材料取得的收入
   B. 资产负债表日持有交易性金融资产的公允价值变动
   C. 无法查明原因的现金溢余
   D. 资产负债表日计提的存货跌价准备

7. 下列各项中，应列入利润表"营业成本"项目的是（　　）。
   A. 无法偿还的应付账款　　　　B. 无形资产出售净损失
   C. 固定资产盘亏净损失　　　　D. 经营出租固定资产折旧费

8. 某企业为增值税一般纳税人，20×1年计算应交的各种税金为增值税400万元，消费税200万元（均属于销售商品确认），城市维护建设税42万元，教育费附加18万元，房产税10万元，城镇土地使用税10万元，车船税5万元，代扣代交个人所得税10万元。不考虑其他因素，该企业20×1年度利润表"税金及附加"项目本期金额为（　　）万元。
   A. 285　　　　B. 600　　　　C. 660　　　　D. 670

9. 下列各项中，影响企业利润表中"利润总额"项目的是（　　）。
   A. 确认的所得税费用　　　　　B. 向灾区捐款发生的支出

C. 收取股东超过注册资本的出资 　　　D. 向投资者发放现金股利

10. 20×1年企业实现主营业务收入100万元，其他业务收入5万元，营业外收入3万元。不考虑其他因素，该企业20×1年利润表中"营业收入"项目的金额是（　　）万元。

A. 103　　　　B. 100　　　　C. 105　　　　D. 108

（二）多项选择题

1. 在利润表中，"税金及附加"项目反映企业销售商品、提供劳务等主营业务所负担的税有（　　）。

A. 消费税　　　　　　　　　　　B. 教育费附加
C. 增值税　　　　　　　　　　　D. 城市维护建设税

2. 下列各项中，影响企业利润表中营业利润的有（　　）。

A. 营业外收入　　　　　　　　　B. 管理费用
C. 投资收益　　　　　　　　　　D. 公允价值变动收益
E. 资产减值损失　　　　　　　　F. 所得税费用

3. 多步式利润表可以反映企业的（　　）等项目。

A. 所得税费用　　　　　　　　　B. 营业利润
C. 利润总额　　　　　　　　　　D. 净利润

4. 下列各项中，影响企业利润总额的有（　　）。

A. 营业外收入　　　　　　　　　B. 税金及附加
C. 营业成本　　　　　　　　　　D. 销售费用

5. 本月发生的下列各项支出或损失中，影响企业本月净利润的有（　　）。

A. 计提坏账准备　　　　　　　　B. 处理固定资产盘亏损失
C. 支付固定资产安装费　　　　　D. 预交所得税
E. 支付投资人现金股利

6. 下列各项中，应列入利润表"其他综合收益的税后净额"项目的有（　　）。

A. 交易性金融资产公允价值变动损益　　B. 出售固定资产的净收益
C. 其他权益工具投资公允价值变动　　　D. 其他债权投资公允价值变动

7. 下列各项经济业务中，会影响企业利润表"营业利润"项目金额的有（　　）。

A. 计提的工会经费　　　　　　　B. 收到出售固定资产的增值税税款
C. 出售固定资产取得的净收益　　D. 计提固定资产减值损失

8. 下列各项中，影响企业利润表"营业利润"项目金额的有（　　）。

A. 出售原材料的成本　　　　　　B. 计提无形资产减值准备
C. 捐赠支出　　　　　　　　　　D. 销售商品收入

9. 下列各项中，影响当期利润表"营业利润"项目金额的有（　　）。

A. 转让专利使用权取得的净收益
B. 持有的交易性金融资产期末公允价值变动收益
C. 出售原材料取得的净收益
D. 支付税收滞纳金

10. 下列各项中，应在利润表"营业收入"项目中列示的有（　　）。

A. 与日常活动无关的政府补助收入　　B. 设备维修劳务收入
C. 销售商品收入　　　　　　　　　　D. 投资性房地产的租金收入

（三）判断题

1. 利润表的格式主要有单步式和多步式两种，我国采用多步式。（　　）

2. 营业利润减去管理费用、销售费用、财务费用和所得税费用后得到净利润。(   )

3. 企业各项资产发生的损失均在利润表的"营业外支出"项目中集中反映。(   )

4. 利润表的"营业成本"项目，反映企业销售产品和提供劳务等主要经营业务的各项销售费用和实际成本。(   )

5. 利润表是反映企业在一定会计期间经营成果的报表。(   )

6. 投资收益不影响营业利润。(   )

7. 净利润是指营业利润减去所得税费用后的金额。(   )

8. 利润表的"税金及附加"项目包括增值税。(   )

9. 接受捐赠收到的现金影响企业营业利润。(   )

10. 利润表的"营业收入"项目应根据"主营业务收入"和"其他业务收入"账户的发生额分析填列。(   )

任务3 现金流量表

（一）单项选择题

1. 下列各项中，不会影响现金流量变动的是（   ）。
   A. 购买无形资产支付的现金   B. 购买短期赚取差价的股票
   C. 用现金支付在建工程人员工资   D. 购买2个月到期的国债

2. 下列事项所产生的现金流量中，属于经营活动产生的现金流量的是（   ）。
   A. 以现金支付的应由在建工程负担的职工薪酬
   B. 因违反公司法而支付的罚款
   C. 处置所属子公司而收到的现金净额
   D. 分配股利支付的现金

3. 下列现金流量表列示的项目中，属于投资活动产生的现金流量的是（   ）。
   A. 支付给生产工人的工资   B. 收到的税费返还
   C. 取得的投资收益   D. 收到的投资款

4. 下列各项中，不属于筹资活动产生的现金流量的是（   ）。
   A. 偿还债务   B. 分配股利
   C. 吸收投资收到的现金   D. 处置子公司

5. 下列各项中，会引起现金流量表经营活动产生的现金流量变动的是（   ）。
   A. 偿还长期借款的现金流出   B. 收取现金股利的现金流入
   C. 购置固定资产的现金流出   D. 购买日常办公用品的现金流出

（二）多项选择题

1. 下列各项中，属于现金流量表中的现金等价物特点的有（   ）。
   A. 期限短   B. 易于转换成已知金额的现金
   C. 价值变动风险很小   D. 流动性强

2. 下列各项中，需要在现金流量表中反映的情况有（   ）。
   A. 现金的流入   B. 现金和现金等价物的转换
   C. 现金等价物的流出   D. 现金的流出

3. 下列各项中，不属于现金或现金等价物的有（   ）。
   A. 银行汇票存款   B. 3个月内到期的商业承兑汇票
   C. 3个月内到期的国库券   D. 长期股权投资

4. 下列各项中，属于投资活动产生的现金流量的有（　　）。
　　A. 支付的现金股利　　　　　　　　B. 支付的业务招待费
　　C. 转让无形资产所有权收到的现金　　D. 支付给在建工程人员的职工薪酬
5. 下列各项中，属于筹资活动产生的现金流量的有（　　）。
　　A. 分配股利支付的现金　　　　　　B. 清偿应付账款支付的现金
　　C. 偿还债券利息支付的现金　　　　D. 清偿长期借款支付的现金

（三）判断题
1. 现金流量是指一定会计期间企业现金和现金等价物的流入和流出。（　　）
2. 现金等价物是指企业持有的期限短、流动性强、易于转换为已知金额现金、价值变动风险很小的投资。期限短，一般是指从购买日起一个月到期。（　　）
3. 企业用现金支付给在建工程人员的薪酬属于投资活动产生的现金流量。（　　）
4. 企业购置固定资产而发生的现金支出应在现金流量表的"经营活动产生的现金流量"项目列示。（　　）
5. 企业取得的拟在近期出售的股票投资视为现金等价物。（　　）

任务4　所有者权益变动表

（一）单项选择题
1. 我国企业编制所有者权益变动表的列示方式是（　　）。
　　A. 账户式　　B. 多步式　　C. 报告式　　D. 矩阵式
2. 下列各项中，不属于所有者权益变动表中单独列示的项目是（　　）。
　　A. 综合收益总额　　　　　　　　B. 提取盈余公积
　　C. 每股收益　　　　　　　　　　D. 盈余公积弥补亏损
3. 下列各项中，不在所有者权益变动表中列示的项目是（　　）。
　　A. 盈余公积弥补亏损　　　　　　B. 前期差错更正
　　C. 利润分配　　　　　　　　　　D. 会计估计变更
4. 所有者权益变动表中的"上年年末余额"项目，反映企业上年资产负债表中相关项目的年末余额，这些项目不包括（　　）。
　　A. 实收资本　　　　　　　　　　B. 其他综合收益
　　C. 递延收益　　　　　　　　　　D. 库存股
5. 下列各项中，不属于所有者权益变动表项目的是（　　）。
　　A. 提取盈余公积　　　　　　　　B. 应付债券
　　C. 综合收益总额　　　　　　　　D. 所有者投入和减少资本

（二）多项选择题
1. 下列不属于所有者权益变动表的项目的有（　　）。
　　A. 资本公积　　B. 利润总额　　C. 盈余公积　　D. 所得税费用
2. 下列各项中，属于所有者权益变动表的"上年年末余额"项目反映的内容有（　　）。
　　A. 实收资本　　B. 资本公积　　C. 库存股　　D. 盈余公积
3. 下列各项中，在年末资产负债表和年度所有者权益变动表中均有项目反映并且年末金额相等的有（　　）。
　　A. 综合收益总额　　B. 资本公积　　C. 盈余公积　　D. 未分配利润

4. 下列各项中，属于"所有者权益内部结转"项目的有（　　）。
   A. 提取盈余公积　　　　　　　　B. 资本公积转增资本
   C. 盈余公积转增资本　　　　　　D. 盈余公积弥补亏损
5. 下列各项中，属于所有者权益变动表中单独列示的项目有（　　）。
   A. 提取盈余公积　　　　　　　　B. 其他综合收益
   C. 所有者投入资本　　　　　　　D. 资本公积转增资本

（三）判断题

1. 所有者权益变动表的"上年年末余额"项目，反映企业上年资产负债表中实收资本（或股本）、其他权益工具、资本公积、库存股、其他综合收益、盈余公积、未分配利润的年末余额。（　　）

2. 所有者权益变动表能够反映所有者权益各组成部分当期增减变动的情况，有助于报表使用者理解所有者权益增减变动的原因。（　　）

3. 企业应于期末单独编制利润分配表，反映当期实现的净利润及其利润分配情况。（　　）

4. 我国企业的所有者权益变动表采用的结构和资产负债表一致，都属于账户式结构。（　　）

5. 所有者权益变动表只是反映企业在一定期间未分配利润增减变动情况的报表。（　　）

二、技能考核

任务单

任务 1

项目名称	任务内容清单
任务情境	甲企业"应收账款"账户月末借方余额 400 万元，其中，"应收甲公司账款"明细账户借方余额 350 万元，"应收乙公司账款"明细账户借方余额 50 万元；"预收账款"账户月末贷方余额 300 万元，其中，"预收 A 工厂账款"明细账户贷方余额 500 万元，"预收 B 工厂账款"明细账户借方余额 200 万元。与应收账款有关的"坏账准备"明细科目贷方余额为 10 万元，与其他应收账款有关的"坏账准备"明细科目贷方余额为 5 万元。
任务目标	掌握月末资产负债表中"应收账款"项目金额的核算方法。
任务要求	请你根据任务情境，学习资产负债表的编制方法，完成上述业务的会计处理。
任务思考	

任务 2

项目名称	任务内容清单
任务情境	甲企业 20×1 年度损益类账户累计发生额如下：主营业务收入 210 万元（贷方），主营业务成本 92 万元（借方），其他业务收入 50 万元（贷方），其他业务成本 30 万元（借方），税金及附加 24 万元（借方），销售费用 10 万元（借方），管理费用 15 万元（借方），财务费用 8 万元（借方），投资收益 20 万元（贷方），营业外收入 8 万元（贷方），营业外支出 5 万元（借方），所得税费用 22 万元（借方）。 要求：计算该企业本年度的营业利润、利润总额和净利润。
任务目标	掌握营业利润、利润总额和净利润的核算方法。
任务要求	请你根据任务情境，学习企业营业利润、利润总额和净利润的核算方法，完成上述业务的会计处理。
任务思考	

任务 3

项目名称	任务内容清单
任务情境	某公司为增值税一般纳税人,适用的增值税税率为13%。20×1年年初,该公司资产负债表中"货币资金"项目年初借方余额为520万元,"应收票据"项目年初借方余额为50万元,"应收账款"项目年初借方余额为234万元,"合同负债"项目年初贷方余额为80万元,"盈余公积"项目年初贷方余额为640万元,"未分配利润"项目年初贷方余额为150万元。20×1年度该公司发生如下经济业务: (1) 5月1日,外购生产用原材料一批,取得的增值税专用发票上注明的价款为100万元,增值税为13万元,供货方为该公司代垫运费为2万元,增值税为0.18万元,款项尚未支付,材料已验收入库。 (2) 5月15日,持有的面值为50万元的不计息商业承兑汇票到期,债务人暂时无力偿还款项。 (3) 6月30日,将自产的产品发放给本单位的管理人员,该产品成本20万元,市场售价30万元(与计税价格一致)。 (4) 7月15日,销售商品一批,开具的增值税专用发票上注明的售价为300万元,增值税为39万元,商品已发出。该批商品的实际成本为200万元。上年已经预收该批商品的款项为80万元,剩余货款于销售当日收讫,并存入银行。 (5) 20×1年该公司实现利润总额为120万元,确认的所得税费用为30万元,按净利润的10%计提法定盈余公积。
任务目标	掌握资产负债表相关项目的编制依据。
任务要求	请你根据上述资料,编制会计分录,并计算资产负债表中货币资金、应收账款、盈余公积、未分配利润项目的期末数。
任务思考	

任务 4

项目名称	任务内容清单
任务情境	A 股份有限公司（以下简称 A 公司）为增值税一般纳税人，适用的增值税税率为 13%，所得税税率为 25%。A 公司的主要业务是生产和销售甲产品，原材料按实际成本法核算，在销售时逐笔结转销售成本。20×1 年 A 公司发生的有关经济业务如下： （1）5 月 10 日，销售甲产品一批，该批产品的实际成本为 300 万元，增值税专用发票上注明的货款为 500 万元，增值税为 65 万元。产品已经发出，提货单已经交给购货方，购货方用银行存款支付增值税为 65 万元，对货款部分开具了一张面值为 500 万元、期限为 4 个月的不带息商业承兑汇票。 （2）10 月 3 日，销售原材料一批，该批原材料的实际成本为 18 万元，增值税专用发票上注明的货款为 20 万元，增值税为 2.6 万元。原材料已经发出，货款和增值税已经收到并存入银行。 （3）本年度用银行存款支付了发生的广告费用 6 万元，销售商品过程中发生了由本公司承担的运输费 14 万元，计入当期损益的利息费用及银行手续费 4 万元，均不考虑增值税。 （4）本年生产甲产品领用原材料价款 300 万元，车间管理部门领用原材料价款 60 万元，企业管理部门领用原材料价款 20 万元。 （5）本年计提固定资产折旧 100 万元，其中，计入制造费用 70 万元，计入管理费用 30 万元。
任务目标	掌握利润表的结构及编制方法。
任务要求	请你根据任务情境，完成上述业务的会计处理并计算利润表中的营业收入、营业成本、营业利润。
任务思考	

亮闪闪

业务1

实训目标：掌握资产负债表的编制方法。

实训组织：学生分组讨论问题。

实训成果：各组展示，教师讲评。

实训资料：武汉万通制造有限公司 2020 年 12 月 31 日的有关账簿记录如图 12-1~图 12-14 所示。

库存现金总分类账

2020年		凭证字号	摘要	借方 百十万千百十元角分	贷方 百十万千百十元角分	借或贷	余额 百十万千百十元角分
月	日						
12	1		月初余额			账	
			本期发生额	账	账		
12	31		期末余额			借	1 5 0 0

图 12-1 库存现金总分类账

银行存款总分类账

2020年		凭证字号	摘要	借方 百十万千百十元角分	贷方 百十万千百十元角分	借或贷	余额 百十万千百十元角分
月	日						
12	1		月初余额			账	
			本期发生额	账	账		
12	31		期末余额			借	3 5 0 0 5 4 8 0 0

图 12-2 银行存款总分类账

应收账款明细账

明细科目：A公司

2020年		凭证字号	摘要	借方 百十万千百十元角分	贷方 百十万千百十元角分	借或贷	余额 百十万千百十元角分
月	日						
12	1		月初余额			账	
			本期发生额	账	账		
12	31		期末余额			借	1 5 0 0 0 0 0 0

图 12-3 应收账款明细账

应收账款明细账

明细科目：B公司

2020年		凭证字号	摘要	借方 百十万千百十元角分	贷方 百十万千百十元角分	借或贷	余额 百十万千百十元角分
月	日						
12	1		月初余额			账	
			本期发生额	账	账		
12	31		期末余额			借	3 5 0 0 0 0

图 12-4 应收账款明细账

预收账款明细账

明细科目：光明一厂

2020年		凭证字号	摘要	借方 百十万千百十元角分	贷方 百十万千百十元角分	借或贷	余额 百十万千百十元角分
月	日						
12	1		月初余额			账	
			本期发生额	账	账		
12	31		期末余额			借	1 0 0 0 0 0 0 0 0

图 12-5 预收账款明细账

预收账款明细账

明细科目：宏光公司

2020年		凭证字号	摘要	借方 百十万千百十元角分	贷方 百十万千百十元角分	借或贷	余额 百十万千百十元角分
月	日						
12	1		月初余额			账	
			本期发生额	账	账		
12	31		期末余额			借	1 8 5 0 0 0 0

图 12-6 预收账款明细账

预收账款明细账

明细科目：W公司

2020年		凭证字号	摘要	借方 百十万千百十元角分	贷方 百十万千百十元角分	借或贷	余额 百十万千百十元角分
月	日						
12	1		月初余额			账	
			本期发生额	账	账		
12	31		期末余额			借	1 3 2 5 0 0 0

图 12-7 预付账款明细账

应付账款明细账

明细科目：M公司

2020年		凭证字号	摘要	借方 百十万千百十元角分	贷方 百十万千百十元角分	借或贷	余额 百十万千百十元角分
月	日						
12	1		月初余额			账	
			本期发生额			账	
12	31		期末余额			借	8 6 3 0 0 0 0 0

图 12-8　应付账款明细账

应付账款明细账

明细科目：Y公司

2020年		凭证字号	摘要	借方 百十万千百十元角分	贷方 百十万千百十元角分	借或贷	余额 百十万千百十元角分
月	日						
12	1		月初余额			账	
			本期发生额			账	
12	31		期末余额			借	5 8 0 0 0 0

图 12-9　应付账款明细账

坏账准备总分类账

2020年		凭证字号	摘要	借方 百十万千百十元角分	贷方 百十万千百十元角分	借或贷	余额 百十万千百十元角分
月	日						
12	1		月初余额			账	
			本期发生额			账	
12	31		期末余额			借	1 3 0 0 0 0

图 12-10　坏账准备总分类账

固定资产总分类账

2020年		凭证字号	摘要	借方 百十万千百十元角分	贷方 百十万千百十元角分	借或贷	余额 百十万千百十元角分
月	日						
12	1		月初余额			账	
			本期发生额			账	
12	31		期末余额			借	8 0 0 0 0 0 0 0 0

图 12-11　固定资产总分类账

累计折旧总分类账

2020年		凭证字号	摘要	借方 百十万千百十元角分	贷方 百十万千百十元角分	借或贷	余额 百十万千百十元角分
月	日						
12	1		月初余额				略
			本期发生额	略	略		
12	31		期末余额			借	3 0 0 0 0 0 0 0

图 12-12　累计折旧总分类账

固定资产清理总分类账

2020年		凭证字号	摘要	借方 百十万千百十元角分	贷方 百十万千百十元角分	借或贷	余额 百十万千百十元角分
月	日						
12	1		月初余额				略
			本期发生额	略	略		
12	31		期末余额			借	1 0 0 0 0 0 0

图 12-13　固定资产清理总分类账

长期借款总分类账

2020年		凭证字号	摘要	借方 百十万千百十元角分	贷方 百十万千百十元角分	借或贷	余额 百十万千百十元角分
月	日						
12	1		月初余额				略
			本期发生额	略	略		
12	31		期末余额			借	6 0 0 0 0 0 0 0

图 12-14　长期借款总分类账

其中，100 000 元长期借款于 2021 年 6 月 30 日到期。

武汉万通制造有限公司 2020 年 12 月 31 日资产负债表如表 12-1 所示，请根据相关账簿记录填制有关项目。

表 12-1　资产负债表　　　　　　　　　　　　　会企 01 表

编制单位：武汉万通制造有限公司　　　　　__年__月__日　　　　　　　　单位：元

资产	期末余额	年初余额	负债及所有者权益（或股东权益）	期末余额	年初余额
流动资产：		略	流动负债：		略
货币资金			短期借款	250 000	

续表

资产	期末余额	年初余额	负债及所有者权益（或股东权益）	期末余额	年初余额
交易性金融资产	150 000		交易性金融负债		
衍生金融资产			衍生金融负债		
应收票据及应收账款			应付票据及应付账款		
预付账款			预收账款		
其他应收款	30 500		合同负债		
存货	258 000		应付职工薪酬	110 000	
合同资产			应交税费	35 000	
持有待售资产			其他应付款	50 000	
一年内到期的非流动资产			持有待售负债		
其他流动资产			一年内到期的非流动负债		
流动资产合计			其他流动负债		
非流动资产：			流动负债合计		
债权投资			非流动负债：		
其他债权投资			长期借款		
长期应收款			应付债券	100 000	
长期股权投资	250 000		其中：优先股		
其他权益工具投资			永续债		
其他非流动金融资产			长期应付款		
投资性房地产			预计负债		
固定资产			递延收益		
在建工程	800 000		递延所得税负债		
生产性生物资产			其他非流动负债		
油气资产			非流动负债合计		
无形资产	500 000		负债合计		
开发支出			所有者权益（或股东权益）		
商誉			实收资本（或股本）	4 000 000	
长期待摊费用			其他权益工具：		
递延所得税资产			其中：优先股		
其他非流动资产			永续股		
非流动资产合计			资本公积	85 000	
			减：库存股		
			其他综合收益		
			盈余公积	100 000	

续表

资产	期末余额	年初余额	负债及所有者权益（或股东权益）	期末余额	年初余额
			未分配利润	330 250	
			所有者权益（或股东权益）合计		
资产合计			负债和所有者权益（或股东权益）合计		

业务2

实训目标：掌握利润表的编制方法。
实训组织：学生分组讨论问题。
实训成果：各组展示，教师讲评。
实训资料：详细资料如图12-15~图12-21所示。

主营业务收入总分类账

2020年		凭证字号	摘要	借方	贷方	借或贷	余额
月	日			百十万千百十元角分	百十万千百十元角分		百十万千百十元角分
12	1		月初余额				略
			本期发生额		1 2 5 0 0 0 0 0		

图12-15 主营业务收入总分类账

其他业务收入总分类账

2020年		凭证字号	摘要	借方	贷方	借或贷	余额
月	日			百十万千百十元角分	百十万千百十元角分		百十万千百十元角分
12	1		月初余额				略
			本期发生额		3 5 0 0 0 0		

图12-16 其他业务收入总分类账

主营业务成本总分类账

2020年		凭证字号	摘要	借方	贷方	借或贷	余额
月	日			百十万千百十元角分	百十万千百十元角分		百十万千百十元角分
12	1		月初余额				略
			本期发生额	8 0 0 0 0 0 0			

图12-17 主营业务成本总分类账

其他业务成本总分类账

2020年		凭证字号	摘要	借方								贷方								借或贷	余额							
月	日			百	十	万	千	百	十	元	角	分	百	十	万	千	百	十	元	角	分		百	十	万	千	百	十	元	角	分
12	1		月初余额																			账									
			本期发生额			2	0	0	0	0	0	0																			

图 12-18 其他业务成本总分类账

管理费用总分类账

2020年		凭证字号	摘要	借方									贷方									借或贷	余额								
月	日			百	十	万	千	百	十	元	角	分	百	十	万	千	百	十	元	角	分		百	十	万	千	百	十	元	角	分
12	1		月初余额																			账									
			本期发生额		2	5	0	0	0	0	0	0																			

图 12-19 管理费用总分类账

其中，研发费用 100 000 元。

营业外支出总分类账

2020年		凭证字号	摘要	借方									贷方									借或贷	余额								
月	日			百	十	万	千	百	十	元	角	分	百	十	万	千	百	十	元	角	分		百	十	万	千	百	十	元	角	分
12	1		月初余额																			账									
			本期发生额			2	2	4	0	0	0	0																			

图 12-20 营业外支出总分类账

所得税费用总分类账

2020年		凭证字号	摘要	借方									贷方									借或贷	余额								
月	日			百	十	万	千	百	十	元	角	分	百	十	万	千	百	十	元	角	分		百	十	万	千	百	十	元	角	分
12	1		月初余额																			账									
			本期发生额			8	1	1	2	5	0	0																			

图 12-21 所得税费用总分类账

武汉万通制造有限公司 2020 年 12 月份的利润表如表 12-2 所示，请根据相关账簿记录填制有关项目。

表 12-2 利润表

会企 02 表

编制单位：　　　　　　　　　　　__年__月　　　　　　　　　　单位：元

项目	本期金额	上期金额
一、营业收入		略
减：营业成本		
税金及附加	20 000	
销售费用	165 000	
管理费用		
研发费用		
财务费用	30 000	
其中：利息费用		
利息收入		
资产减值损失	50 500	
信用减值损失	5 000	
加：投资收益（损失以"-"号填列）	15 000	
公允价值变动收益（损失"-"号）		
资产处置收益（损失"-"号）		
其他收益		
净敞口套期收益（损失"-"号）		
二、营业利润（亏损以"-"号填列）		
加：营业外收入	8 000	
减：营业外支出		
三、利润总额（亏损总额以"-"号填列）		
减：所得税费用		
四、净利润（净亏损以"-"号填列）		
五、其他综合收益的税后净额		
六、综合收益总额		
七、每股收益		

考考你

基本信息	姓名		学号		班级		组别		备注	
	规定时间		完成时间		考核日期		总评成绩			

1. "预付账款"科目明细账中若有贷方余额，应将其计入资产负债表中的（　　）项目。

   A. 应收账款　　　　B. 预收账款　　　　C. 应付账款　　　　D. 其他应付款

2. 甲公司年末结账前"应收账款"科目所属明细科目中有借方余额 50 000 元，贷方余额 20 000 元；"预付账款"科目所属明细科目中有借方余额 13 000 元，贷方余额 5 000 元；"应付账款"科目所属明细科目中有借方余额 50 000 元，贷方余额 120 000 元；"预收账款"科目所属明细科目中有借方余额 3 000 元，贷方余额 10 000 元；"坏账准备"科目余额为 0。则年末资产负债表中"应收账款"项目和"应付账款"项目的期末数分别为（　　）。

   A. 30 000 元和 70 000 元　　　　B. 53 000 元和 125 000 元
   C. 63 000 元和 53 000 元　　　　D. 47 000 元和 115 000 元

3. 资产负债表中的"未分配利润"项目应根据（　　）填列。

   A. "利润分配"科目余额
   B. "本年利润"科目余额
   C. "本年利润"和"利润分配"科目的余额计算后
   D. "盈余公积"科目余额

4. 出租无形资产使用权取得的收益，在利润表中应列入（　　）。

   A. 营业收入　　　　　　　　　B. 公允价值变动损益
   C. 投资收益　　　　　　　　　D. 营业外收入

5. 属于企业营业利润组成部分的有（　　）。

   A. 营业收入　　　　B. 管理费用　　　　C. 营业外收入　　　　D. 税金及附加

6. 下列与企业（一般纳税人）损益无关的税金是（　　）。

   A. 所得税　　　　　B. 消费税　　　　　C. 印花税　　　　　D. 增值税

7. 甲公司 12 月 31 日固定资产账户余额为 2 000 万元，累计折旧账户余额为 800 万元，固定资产减值准备账户余额为 100 万元，在建工程账户余额为 200 万元。甲公司 12 月 31 日资产负债表中固定资产项目的金额为（　　）万元。

   A. 1 200　　　　　B. 90　　　　　　C. 1 100　　　　　D. 2 200

8. "应收账款"账户明细账中若有贷方余额，应将其计入资产负债表中的（　　）项目。

   A. 应收账款　　　　　　　　　B. 预收账款
   C. 应付账款　　　　　　　　　D. 其他应付款

9. 下列资产负债表项目中，应根据多个总账账户余额计算填列的是（　　）。

   A. 应付账款　　　　　　　　　B. 盈余公积
   C. 未分配利润　　　　　　　　D. 长期借款

10. 将于一年内到期的长期借款，在资产负债表中应在（　　）项目中列示。
    A. 长期借款　　　　　　　　　　B. 短期借款
    C. 一年内到期的长期负债　　　　D. 其他长期负债

11. 甲公司"应收账款"账户月末借方余额40 000元，其中，"应收A公司账款"明细账户借方余额30 000元，"应收B公司账款"明细账户借方余额10 000元；"预收账款"账户月末贷方余额30 000元，其中，"预收乙公司账款"明细账户借方余额50 000元，"预收丙公司账款"明细账户贷方余额80 000元。甲公司月末资产负债表中"应收账款"项目的金额为（　　）元。
    A. 90 000　　　　B. 40 000　　　　C. 120 000　　　　D. 70 000

12. 资产负债表数据的来源，可以（　　）。
    A. 根据总账科目余额填列
    B. 根据明细账科目余额填列
    C. 根据总账科目和明细账科目余额分析填列
    D. 根据有关科目余额减去其备抵科目余额分析填列

13. 应在资产负债表"预付账款"项目中反映的是（　　）。
    A. "应付账款"明细科目的借方余额
    B. "应付账款"明细科目的贷方余额
    C. "预付账款"明细科目的借方余额
    D. "预付账款"明细科目的贷方余额

14. 根据企业会计准则的规定，中期财务报告报表包括（　　）。
    A. 月报　　　　　B. 季报　　　　　C. 年报　　　　　D. 半年报

15. 会计报表的使用者为（　　）。
    A. 投资者　　　　　　　　　　　B. 政府有关部门
    C. 债权人　　　　　　　　　　　D. 社会公众

16. 下列有关账户余额，在编制资产负债表时应列入"存货"项目金额的有（　　）。
    A. 在途物资　　　　　　　　　　B. 工程物资
    C. 委托加工物资　　　　　　　　D. 生产成本

17. 资产负债表中的"货币资金"项目应根据（　　）账户的期末余额填列。
    A. 应收账款　　　　　　　　　　B. 库存现金
    C. 银行存款　　　　　　　　　　D. 其他货币资金

18. 下列各项中，影响企业利润表中营业利润的有（　　）。
    A. 营业外收入　　　　　　　　　B. 管理费用
    C. 投资收益　　　　　　　　　　D. 公允价值变动损益
    E. 信用减值损失　　　　　　　　F. 所得税费用

19. 下列各项中，影响企业利润总额的有（　　）。
    A. 营业外收入　　　　　　　　　B. 税金及附加
    C. 营业成本　　　　　　　　　　D. 销售费用

帮帮我